青少年自杀行为预防

况 利 ◎主编

重庆出版集团 重庆出版社

图书在版编目(CIP)数据

青少年自杀行为预防 / 况利主编. —重庆: 重庆出版社, 2016.12

ISBN 978-7-229-11252-3

Ⅰ.①青… Ⅱ.①况… Ⅲ.青少年－自杀－心理干预 Ⅳ.①B844.2

中国版本图书馆CIP数据核字(2016)第126023号

青少年自杀行为预防
QINGSHAONIAN ZISHA XINGWEI YUFANG
况 利 主编

责任编辑：刘 喆
责任校对：李小君
装帧设计：卢晓鸣

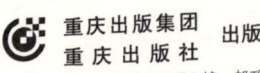

重庆出版集团 出版
重庆出版社

重庆市南岸区南滨路162号1幢 邮政编码:400061 http://www.cqph.com
重庆出版社艺术设计有限公司制版
重庆市国丰印务有限责任公司印刷
重庆出版集团图书发行有限公司发行

邮购电话:023-61520646
全国新华书店经销

开本:889mm×1194mm 1/32 印张:5.375 字数:122千
2016年12月第1版 2016年12月第1次印刷
ISBN 978-7-229-11252-3
定价:32.00元

如有印装质量问题,请向本集团图书发行有限公司调换:023-61520678

版权所有 侵权必究

图书编委会
（排名不分先后，按姓氏笔画）

主　编：况　利
副主编：王　我　艾　明　李献云　陈建梅
编　委：万里洋　王卫红　冯　静　吕　臻
　　　　刘　耀　何静澜　陈　敏　陈小容
　　　　周东东　周雪莹　操　军

序

自2003年开始，每年的9月10日是世界自杀预防日，国际自杀预防协会（IASP）和世界卫生组织（WHO）会在每年的这一天举办纪念活动，旨在提高人们的认识水平，珍惜生命，减少自杀和自杀企图，消除与自杀有关的耻辱感。我国近年来也在部分地区陆续开展了这方面的工作，但远远不够。虽然自杀是一个敏感和沉重的话题，但我们必须去面对和正视它。因为它不仅仅是危及一个个体的生命，而且会累及其周围的人：包括家人、亲友和同事等；它不仅仅是单纯的一次生命的终结，而且会波及影响健在人此后的漫长人生；它不仅仅是一个心理或精神健康问题，而且是涉及公共卫生、社会文化、教育、经济、政策制定、社区服务、医疗保健等诸多领域的一个复杂问题。

2015年WHO出版了《预防自杀：全球要务》，WHO总干事陈冯富珍博士为此作序，并提出："自杀，一个都太多。推进预防自杀工作就是一起行动，而现在正是采取行动的时候。我呼吁各国行动起来，将自杀预防工作作为要务往前推进"。每年全球约有80余万人死于自杀。自杀是15~29岁年龄组人群的第二大死亡原因。虽然任何单一因素都不足以解释一个人为什么会自杀，毕竟自杀行为是一个复杂的现象，是由个人、社会、心理、文化、生物和环境等多种因素相互作用而导致的。但是，自杀又是可以预防的，需要社会多个部门之间的协调与合作，包括卫生和非卫生部门，如教育、人力资源与社会保障、农业、商业、司法、法律、国防、政治和媒体等部门。自杀预防工作必须是综合性、整合性且相互促进的，因为没有任何单一的方法可以独自处理自杀这个复杂的问题。

经过过去20多年的努力，我国的自杀率已从每年的22.2/10万（1993）降到8.7/10万（2012），这其中与政府的许多利民政策和措施的落实以及国内许多同行的努力工作是分不开的。例如本书《青少年自杀行为预防》的出版，就是况利教授和她的团队经过多年的实践所总结出来的成功经验，围绕重点人群（大学生）的综合干预，为国内同行提供了一个很好的范例。因为青年是祖国的未来，他们的心身健康发展至关重要。研究已经证明，将易感人群作为预防性干预的优先对象是有效的，其中自杀死亡者悲伤的家人和朋友也非常需要关心和支持。况教授及其团队卓有成效和富有创新的工作为今后自杀预防和青少年心理健康教育工作的发展提供了宝贵经验。

本书从大学生自杀预警与干预模式的建立、常见心理与人际困扰、与自杀相关的精神障碍，以及有效的心理社会干预方法等方面给予了通俗易懂和较为全面的介绍，不失为一本适用面广、专业指导性强和实用性好的书籍，值得推荐。

当然，自杀预防是一项复杂和艰难的系统工程，全球尚无统一和公认的有效应对策略。根据WHO《精神卫生行动计划（2013-2020）》所提出的目标，到2020年将自杀率降低10%，所采取的措施不仅仅是减少或控制自杀的危险因素，更重要的是调动和利用一切可能的社会资源和力量来综合干预和预防自杀，珍惜生命、关爱生命。这需要我们营造一个有利的社会氛围，让寻求心理帮助不再成为禁忌和歧视，及早地识别、支持和转介需要心理帮助的人，让他们不再感到孤独、无助和无望，重新树立信心和希望。

希望本书的出版和发行，能够让更多的人认识到：自杀是可以预防的；自杀不仅仅是个人的悲剧，而且是家庭和社会的悲剧和痛苦；需要我们更多的人参与到预防自杀、珍惜生命的活动中来。

季建林

复旦大学附属中山医院医学心理科主任

中华医学会行为医学分会候任主任委员

2016年4月30日

目录

第一章

一项触目惊心的报告——高中生心理健康与自伤自杀行为现状 /1

第二章

一个值得关注的探索——大学生自杀行为的预警及干预的策略 /12

第一节　大学生自杀干预的现状 /13

第二节　大学生自杀预警与干预模式的建立 /16

第三章

你不了解的内心世界——与自伤自杀行为有关的青少年管理 /25

第一节　青少年常见的恋爱心理问题 /27

第二节　父母养育方式、家庭问题、经济问题引起的自伤自杀行为 /49

第四章

伤害，就在你我眼前——常见心理障碍与疾病 /80

第一节　抑郁症 /81

第二节　精神分裂症 /93

第三节　焦虑症 /105

第四节　边缘性人格障碍 /116
第五节　物质依赖 /125

第五章
走出内心的阴霾——自杀行为的心理干预策略 /138

第一节　自杀危机干预 /140
第二节　明确主要问题、治疗目标与治疗方案 /149
第三节　心理健康教育 /150
第四节　问题解决治疗 /151
第五节　认知行为治疗 /153
第六节　人际关系治疗 /157
第七节　辩证行为治疗 /159
第八节　其他治疗 /160
第九节　巩固与维持治疗 /161

第一章

一项触目惊心的报告
——高中生心理健康与自伤自杀行为现状

案例一

周某，女，16岁，高中一年级学生，独生女。体态正常，平时健康活泼。父母是个体经营户，家庭经济条件较好，父母均为高中毕业。父母关系和睦，现与老人同住。

周某的家庭幸福，经济状况良好。父母虽文化程度中等，但非常重视女儿的学习成绩，因此对其要求较为严格，而在周某的零用钱方面极其大方。由于父母做生意比较繁忙，很少有时间照顾她，周某初一开始住校，父母会给周某大量零花钱，让其自己安排。

周某初中时成绩在班上处于中等，上高中以后被分到了一个学生成绩均较好的班级，排名逐渐靠后，进而产生厌学情绪，认为学习没什么用处。父母经常苦口婆心劝其上课认真听讲、努力学习，其对父母的态度也开始厌烦，有时甚至顶撞父母。与同学的关系也非常冷漠，上课不听老师讲课，在下面看小说，遭到老师批评。老师多次找其谈话，但周某对老师不理不睬。最后发展成经常旷课，在寝室睡觉或看小说，当父母老师劝其去上课时，周某就以死相逼，说再让其上学就去自杀。

周某在《青少年心理健康筛查问卷》中的几项得分较为突出：

1. 在生活质量上其分数比起所在学校学生的平均分高两个标准差之多，反映出周某生活质量较差，具体表现为精神心理状况差，学习状况差，与家人关系非常差等。

2. 在自杀风险上，周某的自杀风险分数非常高，高过学生平均分三个标准差，急需引起关注。

3. 周某的《艾森克人格问卷（EPQ）》得分中的"神经质"这一因子得分在56.5~61.5之间，属情绪不稳定型，易受情感影响，不容易控制。

案例二

小明，女，高一学生，17岁，自述有强迫检查的症状，出门之前习惯性要把所有的东西都检查一遍再出门，但是并没有为此感到痛苦，据她说只是习惯而已，不检查就不放心。但是有时感觉莫名的情绪低落，觉得每天这样学习很没有意思，所以她感觉自己情绪起伏很大，上一秒还在和同学嘻嘻哈哈，下一秒就有可能一个人躲在角落哭泣。曾经觉得活着没什么意思，有过自杀念头，但是没有具体的计划。他人评述说小明平时是一个个性开朗外向的人，可以和老师同学们相处得很好，并且愿意帮助他人，深得同学们的喜欢。

另据她描述，小学时因为家里父母离异的原因，受到同学的嘲笑和排挤，但是她个性比较要强，不会像一般女生默不吭声，她会通过各种方式和嘲笑她的同学对抗，甚至还吵架和打架过。她形容自己像一只刺猬，对周围的一切都战战兢兢，一旦有人提到一些她认为在暗指她的话，她就会竖起身上的刺，毫不留情地刺向对方。后来随着自己慢慢成长，周围的人也越来越多地表现出善意，现在才能够和同学们友好相处，但是偶尔还是会觉得自己过分紧张了一些。

对小明的《青少年心理健康筛查问卷》调查结果是：
1. 强迫症状—轻度，抑郁—轻度，偏执—轻度；
2. 有愤怒攻击和语言攻击倾向，易对人产生敌意；
3. 典型情绪不稳定及典型外向性格。

案例三

杨某，男生，高一，因其父母平时忙于工作，对他疏于照顾和管教，在校学习成绩中等偏下，言行举止不够文明，常常一时冲动出口伤人，容易与同学引起争吵和纠纷。因此身边缺少朋友，同学不与他亲近，人际关系较差。课堂上，不遵守纪律，注意力不集中，经常做一些小恶作剧，影响周围人学习和听讲。面对老师的批评和同学的指责，总是据理力争，急于辩驳，对自己的言语和行为常常缺乏思考和反省，做事没有计划，不考虑后果。

由杨某的《冲动性量表》测试可知，2011年他的冲动性人格特质有很明显的体现，冲动性得分颇高，特别是行动冲动性达到了重度的标准，可以看出该生具有高冲动性。2012年，《冲动性量表》得分已有明显降低，可能是随着父母的关爱增加、老师同学的理解宽容，加上他对高中学习压力和学习节奏的逐渐适应，自身受教育程度不断提高，心智不断成熟，使得该同学能够更理性应对周围的情景，学会有计划、冷静地处理自己的学习和生活问题，从而减少了冲动行为。

近年来，青少年的心理健康问题（焦虑、抑郁、网瘾与自杀）频发，这些心理危机不仅影响了个体的身心发展，更影响了各个学校的教育发展。高中阶段正是青春期的一项重要转折时期，既为个体的发展提供了新的契机，也带来了新的挑战。以往研究表明，许多学生在入学之初都出现了适应不良现象和一系列身心症状。帮助高中生顺利完成适应期的过渡，完成高中的学习生活，不仅对帮助高中学生当前的身心健康和学业成绩意义重大，同时对学校的发展也具有重要的潜在价值。为此，我们面向重庆市中学生全面展开心理健康状况调查，帮助学校建立心理健康档案，并甄别心理问题的发生率和危险因素，建立心理健康预警和干预系统，降低青少年情绪问题的发生率，提高青少年的心理健康水平。

我们从2005年开始即对重庆市各大、中学校进行了调查研究，共调查2万余人，测查内容主要包括心理健康状况、人格、网瘾、生活质量、自杀等。以期了解重庆市大学生、高中生的心理现状，为以后的心理健康教育和危机干预工作提供可靠的参照标准。

研究内容包括：

《90项症状清单（SCL-90）》——心理学测查中常用的心理健康量表。本量表共有90个项目，包含有较广泛的精神症状学内容，从感觉、情感、思维、意识、行为直至生活习惯、人际关系、饮食睡眠等，均有涉及，采用9个因子（躯体、强迫、人际关系敏感、忧郁、焦虑、敌对、恐怖、偏执、精神病性和其他）分别反映9个方面的心理症状情况。

《生命质量、自杀意念和自杀行为发生率调查表》——用于评估研究对象最近一个月的生活状况，共包含6个项目，分别评估研究对象的身体、心理、经济、工作或学习状况、与家人关系以及与其他人的关系。得分越高，生命质量越高。

《自杀意念、自杀行为发生率调查表》——主要用于评估研究对象的自杀意念和是否曾有自杀自伤行为，包括4个项目和自杀自伤行为史调查表。前4个项目得分越高，自杀风险越大；继往有自杀自伤经历者（尤其是近期的行为），自杀风险大。

《Young网络成瘾量表》——采用美国匹兹堡大学Kinberly S. Young 所编制的网络成瘾测验量表（Internet Addiction Index，IAI）评定。得分越高表明网络成瘾的程度越高，该量表在国内外IAD研究中是较为常用的量表。

《冲动性人格特征量表》——采用北京回龙观医院临床流行病学研究室在英文版《Barratt 冲动量表》基础上进行修订的版本，各分量表及全量表得分越高，冲动性特征越突出。

《攻击性人格特征量表》——1992年Buss和Perry编制的AQ攻击性问卷分为"攻击""敌意""愤怒"等维度。修订后的版本分为"身体攻击""言语攻击""愤怒""敌意""指向自我攻击"5个因素。量表得分越高，表示攻击性越高。

《艾森克人格问卷（EPQ）》——用于调查个性类型，包括精神质、内外向、神经质和说谎四个量表，共88个项目。根据受测者得分，可了解其气质特点。精神质表示心理是否正常，分数越高，表示个体更倾向于以自我为中心、有攻击性、冷酷、冲动、对他人缺乏同情心；分数越低，表示个体更温柔、善感、有同情心、关心体贴他人、待人处事有变通性；内外向表示性格的内外倾向，根据量表得分可分为典型外向、倾向外向、中间型、倾向内向、典型内向；神经质表示情绪是否稳定，得分越高，表示情绪越不稳，有焦虑、紧张、易怒、睡眠不好、躯体不适等症状，得分越低，则表示情绪越稳定；说谎量表得分较高，表示有较多的掩饰性语言或行为，不可信；得分较低，表示回答问题客观可信。

调查结果显示：不同来源地的高中生，在除躯体、敌对、偏执和其他四个因子以外的其他各个因子得分都差异显著。并且，来自农村的学生在强迫、人际、抑郁、焦虑、恐怖和精神这些因子上得分都高于来自城市的学生。

测查对象共 14 801 名，其中男生 7 190 人、女生 7 611 人，城市学生 5 649 人、农村学生 8 741 人。结果显示，不同性别的自杀意念得分差异显著：男生得分显著低于女生，即女生的自杀意念显著高于男生。不同来源地的学生自杀意念得分差异显著，城市学生得分显著高于农村学生，即城市学生的自杀意念显著高于农村学生。

调查中，共有 278 名学生曾有过喝药、割腕等自伤或自杀行为，自杀自伤行为发生率为 1.88%。在曾自伤自杀学生中，有 40.3% 的学生曾有过 1 次自伤自杀经历，21.9% 的学生有 2 次，14.7% 的学生曾自伤自杀 3 次，自伤自杀 4 次及以上的学生占 23.1%。

在有过自杀经历的学生中，有 118 人曾经因心理问题看过医生，占所有自杀自伤人数的 42.4%。92 人自伤之后曾被医务人员抢救，占所有自杀自伤人数的 3.31%。自伤的前三位原因分别是家庭纠纷（36%）、情绪低落（18.7%）、工作学习问题（8.6%）。自杀的主要目的是解脱痛苦（37.8%）、对现实抗争（8.3%）。

高中生的网络成瘾表现出随时间推移变化明显，且存在性别、来源地等方面的差异。在得分上，第二年的得分显著低于第一年的得分。这可能是因为随着测查时间的推移，高中生年龄和所在年级升高，对高中环境、同学关系和学习节奏的适应，以及自身接受教育的程度和心理成熟度的提高，使得他们能够更理性和冷静地应对周围的环境，增加了自制力。不同性别高中生的网络成瘾发展有所差异。具体表现为，女生的得分均显著低于男生。不同来源地高中生的网络成瘾发展有所差异，主要表现为来自城市的高中生得分显著高于来自农村的高中生的得分。这种结果既可能与被试取样的比例有关，也可能与他们成长过程中的环境因素有关。

分析还发现，计划冲动性维度、认知冲动性维度和冲动性总分在测试时间和来源地的交互作用方面显著，并且他们的测试时间和来源地的主效应显著。而行动冲动性维度上，测试时间的主效应不显著，但来源地的主效应显著。高中生的冲动性人格特质表现出随时间推移而变化明显，且存在性别、来源地等方面的差异。在计划冲动性、认知冲动性、行动冲动性以及冲动性总分上，第二年的得分显著低于第一年的得分。这可能是因为随着测查时间的推移，高中生年龄和所在年级升高，对高中环境、同学关系和学习节奏的适应，以及自身接受教育的程度和心理成熟度的提高，使得他们能够更理性和冷静地应对周围的环境，减少冲动行为。

不同性别高中生的冲动性发展有所差异。具体表现为，在认知冲动性、行动冲动性及冲动性总分上，女生的得分均显著高于男生，但在计划冲动性上两者无显著差异。不同来源地高中生的冲动性发展有所差异。主要表现为来自城市的高中生得分显著高于来自农村的高中生的得分。这种结果既可能与被试取样的比例有关，也可能与他们成长过程中的环境因素有关。

在攻击性五个因子及总分中，愤怒因子的得分最高，指向自我的得分最低，这说明当高中生遇到某些问题可能更倾向于产生愤怒情绪和进行言语上的攻击，而不是进行身体上的打架等攻击。由于目前国内没有攻击性人格特征的高中生常模参照，那么以此结果与重庆市大学生攻击性常模进行比较，结果发现，除身体攻击因子高中生得分低于大学生外，其他各因子和攻击总分，高中生得分都显著高于大学生。这说明重庆市高中生无论在外显的言语攻击、愤怒情绪、对人的敌意和指向自我方面都显著高于重庆市大学生。高中生的攻击性更应该得到关注。

关于攻击性性别上的研究，有人在对小学生的攻击性人格与受虐待经历、不安全依恋的关系研究中得出，男性儿童的攻击性人格总分明显高于女性儿童的攻击性总分；另一项国内的研究也表明，男生的攻击性分数和受害分数均高于女生。在攻击性总分上，女生的得分高于男生。其中，男生在身体攻击、语言攻击因子上得分高于女生，这说明男生的外显攻击性高于女生，也就是说男生更倾向于将攻击性表现出来并指向他人；在愤怒、敌意、指向自我的攻击性上女生的得分都显著高于男生，这说明与男生相比女生更容易产生愤怒情绪和指向自己。这与以往的相关研究结果不太相符，所以重庆市高中女生的攻击性人格特征应引起格外关注。来源于城市和农村的学生在攻击性总分上没有统计学意义的差异。但是，在身体攻击因子上来源于城市的学生的得分显著高于来源于农村的学生；而在言语攻击和指向自我的攻击性两个因子上，来源于农村的学生的得分要高于来源于城市的学生；愤怒和敌意两个因子在来源地上没有差异。

性格方面，中学学生更多地表现出自我中心、有攻击性、冷酷、冲动；在内外向维度上，重庆市中学生倾向于外向；在神经质维度上，学生情绪更为稳定。说谎量表的得分显示结果真实可信。女生在精神质、内外向和神经质量表上的得分要显著高于男生，说谎量表上的得分要显著低于男生，即与男生相比，女生表现出更多的自我中心和有攻击性，更为外向，更容易出现情绪不稳定，掩饰性较低。

精神质量表得分在测试时间和性别上的交互作用达到显著水平。经过进一步的简单效应分析，第一年和第二年测试中，都存在显著的性别差异，男生得分显著低于女生得分；在追踪中，男生和女生第二年的得分都显著低于第一年的得分，即男生和女生都随着时间的增加变得更加温柔、善感、有同情心，且女生变化得更明显一些。

由此我们建议：根据测查结果，筛选出存在心理问题的学生，并区分为一级干预对象、二级干预对象、三级干预对象和待观察对象，建议高中学生的心理健康工作从以下方面入手：

第一，对于一级干预对象（近期自杀自伤行为者、自杀意念极端高分者、生活质量极端低分者）进行及时干预，进行个体咨询、访谈，与班主任进行沟通，了解学生的情况，并立即和家长进行沟通。

第二，对于二级干预对象（冲动性高、攻击性高、网瘾重度的个体），与班主任进行沟通，获取该生的各项信息。班主任须重点观察该生，观察其是否出现异常行为。心理咨询师须对其进行个体访谈。必要时，要与该生家长进行沟通。

第三，对于三级干预对象（心理健康状态不良者），可组织学生进行团体心理辅导，通过团体内人际交互作用，促使个体在交往中通过观察、学习、体验等，认识自我、探讨自我、接纳自我，积极调整、改善与他人的关系，学习新的态度与行为等。

第四，待观察对象是曾经有自伤自杀行为，但目前各项心理健康指标较好的学生，对于该类对象，与班主任保持联系，对学生进行周期性观察，了解其心理健康水平和情绪状况。

第五，针对总体学生所呈现的特点，可开展全校性的主题活动。例如，针对新生人际关系、情绪调控的主题课程、心理海报等。

第二章

一个值得关注的探索
——大学生自杀行为的预警及干预的策略

据最新的统计数据显示，在15~34岁人群中，自杀已经成为其死亡的第二位原因（仅次于交通事故），并且呈现明显的低龄化趋势。自杀已成为我国极其重要的公共卫生问题和心理卫生问题。这其中，在校学生是受到社会大众特别关注的群体，而最近几年频发的学生自杀问题更是引发了媒体、教育部门和社会的高度关注。随着社会的发展和社会竞争的加剧，学习压力巨大，年轻一代的心理冲突和行为问题越来越突出。当人际关系不顺畅、考试成绩不理想时，他们感到彷徨、无助，如果想法比较偏激，便可能做出冲动性行为以及伤害自己或他人的行为，这也是学校卫生工作的重点内容。这个人群中，大学生群体更是其中的重要组成部分，这个群体的自杀事件对社会的影响和冲击尤其大。因此，对大学生群体进行有效的心理干预和自杀防范措施，对提升他们的心理健康水平、维护社会稳定具有重要意义。

第一节 大学生自杀干预的现状

一、大学生自杀的流行病学资料

2006年课题组在重庆市开展了面向大学生的较大规模自杀流行病学调查。问卷调查了12 114人，回收有效问卷9 808份。利用北京心理危机研究与干预中心编制的《自杀态度与心理健康状况问卷（大学版）》进行设置严格的问卷调查。调查结果显示重庆市大学生自杀未遂发生率为1.7%，自杀意念发生率为13%。2011年我们对重庆市近30所高校2011级大学生的调查显示：各校学生自杀未遂发生率为0.9%~1.8%，自杀意念发生率为12%左右。还有徐慧兰等对中南大学623名大学生调查得到其自杀未遂发生率为1.8%。不过，就目前而言，在全国范围还缺乏一个比较系统全面、可靠的流行病学数据。

二、心理危机干预模式的回顾

频繁发生的校园自杀、暴力事件已经给我们敲响了警钟。在发现大学生各种心理问题后，如何对大学生进行干预和应急情况下的紧急处理，是教育、卫生部门甚至整个社会必须面对和亟待解决的问题。但针对这些问题，目前尚缺乏有效的对高危个体的评估识别体系，和被证明为行之有效的系统的干预模式。而这样一个评估和干预模式对高校排查大学生心理问题、及时进行心理危机干预并防范自杀、冲动行为的发生，将产生积极而重大的影响。

目前常见的心理干预模式有危机调适模式、生态模式、三级自杀防治模式等。危机调适模式认为，人在成长过程中会遇到很多"发展性危机"和"意外性危机"。当其运用过去的应对方法无法解决时，便会陷入所谓的危机状态，我们可针对危机进行工作。生态模式是社会工作专业的一种取向，它强调自杀防治的环境脉络，其核心概念包括人们和其所处环境之间的适应、相互作用和相互关系。它强调人与环境的适应，这是一个主动的历程，而非被动的调节。

Katsching在1980年就提出了自杀三大预防阶段的观点，并对自杀行为与防治的各个阶段进行了详细的区分。

一级自杀防治工作的服务对象为所有的大学生。辅导人员协助大学生建立对生命的正确认知，健全危机调适能力，主要方法为开展各种演讲、团体活动等，来拓展大家对自杀的正确认知。

二级自杀防治的重点，主要是具有自杀意念的大学生危机人群。主要是强化自我功能；疏解情绪压力；学习有效的人际沟通方法。增强自我解决问题的能力；生涯发展与规划；强化家庭社会化与情感功能。

三级自杀防治的对象则为已发生过自杀行为的目标人群。协助个体寻求一个健康可接受的适应状态，强化目标人的支持系统。可采用危机调适模式、环境改变技术等。这个理论模式现在是大部分自杀预警与干预模式的基础和雏形，具有重要的意义。

三、目前高校自杀防控工作的不足

很多高校已经开展了学生心理健康教育的专项课程，并就心理健康防控工作进行了大量基础性的工作，但在实际工作中还存在以下一些不足：

（1）心理问题学生发现机制不完善。

（2）有的学校有一定的心理健康防控工作的基础（如建立防控三级网络：学生—学生工作办公室—学校心理咨询中心），但基层工作效果参差不齐，工作流于表面，对怎样发现学生心理问题缺乏行之有效的手段。

（3）发动学生参与心理问题防控工作效果不佳或无行动安排等。

（4）学校和专科医院之间合作联系不够紧密，缺乏高危学生转诊流程，工作连续性需要加强。

（5）学生心理危机干预预案不完善。

因此，课题组尝试从以上几方面完善和提升学生心理健康教育和防控体系，充分发动学生，整合校内各部门力量，共同做好此项工作，探索出一条学生心理健康防控的有效途径。

第二节 大学生自杀预警与干预模式的建立

高校学生具有较灵活的思维方式,但容易受到各种社会心理因素的影响,包括学业问题、家庭经济问题、情感问题等,易情绪化。此外,独生子女和有童年期留守经历的学生人数较多,由此造成的有人格问题或者个性缺陷学生也较多,为大学生心理危机的预警和干预带来很大难度。

一、首先应提高所有相关人员对预防自杀重要性的认识

首先要明确预防自杀不仅仅是学生、辅导员、父母或者只是领导的事,这项工作和每一位教职员工都息息相关。只有全民提高认识,共同预防,才能做到各个环节协同防治,增强预防实效性。为公众(同学)开展教育活动,可通过海报、传单和举行讲座等形式,提高大家对情绪障碍等问题的理解与认识。

其中,领导集体的重视最为重要。这能够协调整合学校所有资源为自杀预防工作保驾护航。此外,辅导员的责任心是防治工作的关键一环,一个有责任心的辅导员能及时发现学生心理问题并尽早解决处理,在第一时间挽救学生的生命。

二、建立"学生心理工作联席会议"工作机制

1. "学生心理工作联席会议"功能及运行机制

"学生心理工作联席会议"主要功能是集合学校和专科

医院与学生心理问题的相关部门，建立并运行学生心理防控体系，定期召开联席会议，互通高危学生和随访学生信息，专题研究学生心理工作中出现的具体问题，联合制订高危学生防控方案。建立学校和专科医院间的工作联系制度，较高风险学生信息随时通报。

联席会议由学校心理咨询中心召集。每学期召开各部门全体会议一次，每月碰头会一次（学校心理咨询中心和专科医院必须参加，其他部门根据需要由心理咨询中心召集参加）。

2.联席会议参加部门及工作职责

与学生心理工作有关的部门有：专科医院或综合医院精神科、学生处（心理咨询中心）、研究生院（部）、网络信息中心、保卫处、新生体检部门。参与联席会议的其他部门为支持部门。

各部门职责如下。

学校心理咨询中心：为学校内心理工作的联系、执行中枢，负责组织全校学生心理问题筛查、评估、汇总、转介，部门协调联系，学生心理咨询工作，参与心理技术指导和学生培训，指导学生心理社团和专业学生开展团体辅导和公益活动。

专科医院或者综合医院精神科、急诊科：提供专科医学技术支撑。对上门急诊的自伤自杀或严重精神障碍的学生，立即通知学校心理咨询中心；对有心理问题的学生做好记录，及时通知学校心理咨询中心。

研究生院（部）：配合学校心理咨询中心开展研究生心理防控工作。

网络信息中心：提供学生网络心理测评教室和网络支持。

保卫处：对接到的学生校内外意外事件进行协助调

查，对可疑心理问题者通报校咨询中心；协助校咨询中心对高风险学生进行转院，保证其安全。

新生体检部门：入学体检时发现体表有可疑自伤疤痕的学生，登记并报校咨询中心以备排查。

3. 工作考核

该项工作纳入各自部门工作考核体系。

三、健全学生自杀防控体系

建立一个覆盖各个层面的学生自杀防控流程体系，如下图：

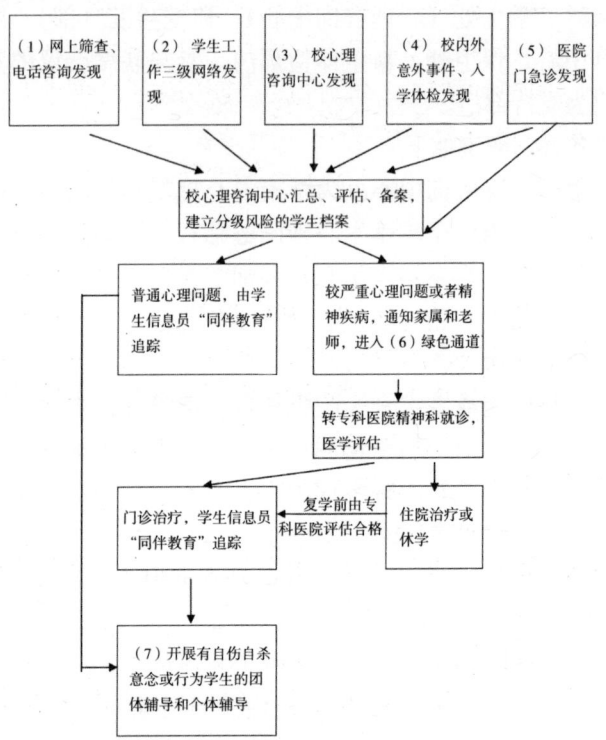

(1) 网络筛查、电话心理咨询发现

利用课题组已建立的网络心理测试系统在线筛查,和免费热线咨询电话 800-810-1117 发现心理问题学生。

目前市面上有很多心理测试软件,从精神疾病、人格特质等方面进行心理测试。但对于自伤自杀的针对性筛查较少,或者特异性题目设置仅有寥寥数道题,不能达到筛查要求。我们课题组开发的问卷筛查系统弥补了已有测评软件针对性差的自杀筛查缺点,且具有可以通过互联网在线测试的优点,在实际测试中信效度与纸质版一致。网络测试系统已在 2011—2014 年对本市 20 余万人的大学新生展开了心理测试,具有很好信效度和保密性,得到参与学校的认可。

从新生入校开始,每年对其进行一次心理问题的筛查测试,将有问题的学生名单和问卷发给心理咨询中心进行评估。有明显问题或有过自伤自杀行为者直接转至专科医院或者综合医院精神科进行医学评估。

测试形式:每年组织进行集中电脑测试,为保证学生完成,可考虑计入必修类的选修课学分。历次测试发现并确认有问题的学生,归入进分级风险档案。

(2) 学生工作心理问题三级防控网络

学生工作系统已有三级防控网络:学生—学生工作办公室—校心理咨询中心。在研究生阶段可考虑将导师纳入第 1 级防控。其中第 1、2 级(学生、学生工作办公室)作用尚需加强,详见后文第 4、9 点。

(3) 学校心理咨询中心

由专业教师进行咨询,对前来咨询的学生进行评估,发现有问题的学生。

(4) 校内外意外事件、入学体检发现

校内外意外事件中有可能由学生心理异常导致,因此需要保卫处获得信息后常规通知校心理咨询中心进行排查。校医院在新生入学体检中，着重检查四肢等自伤常见部位，作好相应记录，上报校心理咨询中心进行排查。

（5）专科医院或者综合医院精神科门诊发现

在医院心理门诊中遇到学生就诊，或者急诊遇到意外伤害的学生就诊，询问其原因，作好记录，通报给学校心理咨询中心备案并跟踪随访。

（6）"学校—医院"绿色通道

通过多种途径发现的自伤自杀经历者，由合作医院进行医学访谈，初步判定是否为高危人群，反馈给学校。其中有明显心理问题或者精神障碍的高危学生，进入"绿色通道"，到专科医院或者综合医院精神科优先就诊，同时校方立即通知家长到校处理相关事宜。

倡议学校与医院精神病专科紧密合作是本书提出的自杀干预模式的一个重要创新。将校园心理服务与当地精神卫生机构的资源整合起来，以确保需要药物治疗和住院治疗的学生能够及时获得治疗，有效减少心理疾病的恶化，并及时阻断自杀行为的发生。

（7）开展对有自伤自杀意念或行为的学生的团体心理辅导和个别心理治疗。

团体心理辅导方案由课题组制订并对从事学生工作的老师进行培训，由他们交叉培训学生骨干。

个体辅导分"一对一"辅导和"网络认知行为治疗（以下简称：网络CBT）"治疗。"一对一"辅导是由辅导员或心理咨询老师对高危学生进行定期辅导访谈，效果较好，但需要相对较多的人力。而网络CBT治疗（https://moodgym.anu.edu.au/welcome）是目前国际上领先的方便快捷、经济有效的自助式抗抑郁认知行为治疗方案。由澳大利亚国立大学精神卫生研究中心与其他研究者、精神卫生专家、网站和绘画设计者以及软件工程师合作设计和研发,是一个创新的互动式网站项目。包含五个模块:互动游戏、焦虑和抑郁评估、可下载的放松音乐、练习册和反馈评价。由学生自行登录网站,在系统引导下进行自我认知行为治疗,私密性强。该方案由课题组成员单位之一——北京回龙观医院引进汉化,在国内首家大规模应用。学校应大规模宣传该网站,提高普通学生自助能力,同时能有效节省辅导员的精力。

四、自杀防控体系中的重点工作

1. 加强学生为主体的1级防控机制

目前学生工作系统有心理健康三级预防工作体系,第1级为学生信息员,有的单位还开展了第1级信息员工作月报制度,但第1级预防工作尚待加强。

(1) 加强学生信息员建设

学生信息员包括:各班心理委员、寝室长、学生干部、学生心理社团和心理卫生、心理专业学生。

①建立学生骨干团队。在信息员中挑选一部分自愿参与的骨干成员进入相对专业化的学生心理社团,由教师对其进行专题培训,培训方案可由心理咨询中心制订;培训合格后,再由他们分别培训各专业学生信息员。

②培训内容包括大学生心理问题的识别、怎样发现有自伤自杀倾向同学的蛛丝马迹、心理危机干预技巧、团体心理辅导培训等。

③对学生信息员明确职责和奖惩,发挥其积极性。学生骨干职责包括培训、检查督促下一级学生信息员工作,

汇总下一级信息员月报信息等。

(2) 完善学生"同伴教育"

利用学生信息员，对出现普通心理问题的学生、精神障碍康复后复学的学生开展"一对一"同伴教育，跟踪他们的心理状况，有问题随时报告老师。

(3) 建立学生心理健康网络论坛

在条件成熟的情况下，开辟校内实名制的"心理健康网络论坛"专区。网络途径契合了学生喜好的行为方式，一方面成为学校开展心理健康教育的网络阵地，一方面能有效发现一些隐藏较深的有心理问题的学生。论坛由校咨询中心负责，选拔思想素质好的学生管理员进行论坛的日常管理，发现异常问题者迅速报告心理咨询中心的老师进行干预。

2. 面向全体学生的系列心理健康教育活动

在全校开展心理健康教育活动，提高全体学生的心理问题的认知能力和接受度。

(1) 每年定期开展心理健康宣传系列活动。

(2) 与团组织生活相结合，开展以团支部为单位的团体活动，每月2~3次，有利于学生信息员从中发现有问题者或性格孤僻者。

(3) 开展心理健康讲座。

(4) 开展心理征文和演讲比赛、心理知识问答。

3. 特殊群体的心理防控工作

特殊群体指进入实（见）习阶段和研究生阶段的学生。这一群体特点是居住地点分散，个人单独行动多。

因此，实习应加强实习小组长、室长的信息员作用；研究生阶段应加强导师的作用，定期了解学生的心理状态。

可考虑将导师纳入第1级防控体系，导师应了解学生心理状况，定期（每月）向研究生院报告学生情况。同时也能促进导师对学生的全面了解和相互沟通。

4. 对家长进行学生心理健康教育

取得家长的理解和支持是非常重要的，我们有必要提前给家长灌输学生出现心理问题的可能性，甚至由此导致人身意外伤害事件的例子，告知家长应当注重和学生的日常沟通，了解其心理健康状况，随时和老师联系。途径包括：新生家长会、致学生家长的一封信（主要介绍学生可能出现的心理问题和防控事项）等。

5. 制订学生心理危机干预预案

对于常见的学生心理危机事件，应制订危机干预预案。预案应将上文工作机制中涉及的所有部门纳入其中，至少每年按照预案举行一次演练，及时发现问题，解决实际演练中的问题。

6. 加强学生工作处老师们的心理工作危机意识和业务学习

加强学生工作处老师们的心理工作责任感，加强业务学习。可邀请医院精神科提供每年至少两次的专业知识讲座，校内业务培训可联合本校的咨询中心或者心理学专业教师共同商议确定。

重庆市有多所高校试行开展全方位的校园心理健康综合干预措施，包括网络心理测试系统（网址：www.xinli023.com）、电话干预系统、电话和网络CBT治疗、"医院—学校"危机学生就诊绿色通道、针对自杀倾向学生的团体心理辅导实施方案、危机干预宣传手册等多种措施和体系。本项计划实施两年多来，参与高校的学生心理问题得到了有效的监控，学生意外事件的发生率明显降低，所监控年级的学生未发生一起因心理问题导致的自伤自杀事件。这些成效受到参与学校的一致好评。这充分说明，只要学校各级领导重视，各个部门工作人员齐心协力，高校大学生的自杀事件是可以得到有效控制的。这对于提高青少年心理健康水平、加强社会稳定、减少病残率具有重要意义，同时收到了明显的社会效益。

第三章

你不了解的内心世界
——与自伤自杀行为有关的青少年管理

案例一

某男，18岁，在就读高一时对班上一位女同学产生暧昧之意，他努力寻找机会向该女同学表达爱意，无心听课，无心学习，在两个月的某一天，女同学接受了他，同意与其谈恋爱。但时间过得很快，就读高三后，他们开始闹矛盾了。女生深感到这个自己喜欢的男生，除了会玩、会吃、会花钱、学习成绩每科不及格外，还有自己很多不喜欢的坏习惯，她痛下决心，提出终结恋爱关系。男生对此非常苦恼，哀求女生不要离开他。他的行为和言谈已经使这位女生无法正常地学习。为了正常参加高考，女生转学到其他学校去了。大半年后，他六神无主仍然眷念着那位分手的女朋友。不久，他得知这位女生就读的学校，并知道女生已经有了新的男朋友，他的心情特别复杂，很激动、很气愤，怒火中烧。男生直奔女生的学校，找到她，哀求她回到自己的身边，无果。之后将女生的新男朋友打了一顿，无望之际，觉得活着没有意思，在第二天的早上跳楼自杀了。

案例二

某女，17岁，小学二年级时父母离异，跟着母亲生活，非常心疼母亲，照顾母亲。在随着岁月慢慢长大的过程中，开始逐渐关注自己的形象，自觉自己长得像男孩，高挑、骨节大，说话的声音也很粗。在高一时从心理和生理上都接受了自己的男性角色，开始萌发找同性朋友恋爱的想法。经过艰难的寻觅，找到一位女孩，与她恋爱，但半年后就分手了，后来又再次恋爱，又分手。整个高中阶段谈过三次恋爱，每次分手自己都用刀划自己的手腕，觉得活着没有意思，但想着妈妈养自己不容易，又不忍离妈妈而去。现在读大学了，这样的问题仍然存在。她主动来到学校心理咨询中心，谈自己的苦衷。在此过程中，她表示自己终于明白，她永远都没办法找到一个能给她需要的温暖的人。随着时间的历练，她要开始学会一个人生活与坚强，不再强求他人。

第一节 青少年常见的恋爱心理问题

恋爱是复杂的高级心理活动，恋爱过程通常不是一帆风顺的。青少年的恋爱更是如此，交织着爱慕、兴奋、紧张、期待、渴望、焦虑不安等错综复杂的情绪。如果在恋爱问题上处理不当，引发恋爱挫折，如早恋、单恋、恋爱纠葛、失恋等，将会使当事人精神上受到不同程度的刺激，进而产生不良的心理反应甚至诱发心理疾病，危及身心健康。

一、早恋

（一）什么是早恋

根据《现代汉语词典》的解释，早恋一词的意思是：身体未发育成熟而过早地恋爱。是指青少年心理发展还不成熟，对爱情的认识还是片面的、自控能力差的恋情，此时男女之间的关系往往建立在对异性感兴趣或确定恋爱关系、痴情或暗恋等模式上。早恋的提出是根据个体生活的自立程度和与法定最低结婚年龄的相差程度作为标准的。从这个意义上讲，凡青少年的"恋爱"都属于早恋。

（二）早恋的心理特征

早恋的出现多与性萌芽和环境因素引起的早熟性兴奋

有关；有些也与心理上缺乏压力和自信、孤独、空虚有关。早恋作为青春期的一个特殊产物，它具有鲜明的心理特征：

一是矛盾性。有早恋关系的青少年内心也充满了矛盾。他们很想接触，又担心老师批评、家长指责以及同学们的讥笑。所以早恋的过程中愉快和痛苦情绪并存。

二是朦胧性。早恋的青少年对于早恋关系的发展结局并不明确，只是因对异性的好奇心、神秘感所驱使或是被对方的风度所吸引；有的是羡慕对方的知识才能，或偶遇产生的好感等。他们主要是渴望与异性单独接触，由于是"跟着感觉走"，对恋人"热"得快，也"冷"得快。

三是自惑性。早恋者常常给自己找各种"借口"，说什么早恋可以"促进相互学习"，早恋"是一种精神寄托"等。他们没有清醒地看到早恋是导致大多数心智还不成熟的青少年学习成绩下降的直接原因。

四是幻想性。早恋的同学富于幻想，他们想象对方身上有一种不可思议的好品质，自觉地从"男子汉"或"好姑娘"的角度来塑造自己和期待对方。

(三) 早恋的负面影响

一是影响青少年的学习。人的精力是有限的，青少年正处在长身体、长知识的黄金时期，因为早恋，使他们过分好奇、兴奋、痴迷，过分沉醉于爱的幻想中，再无法全身心地投入学习，成绩急剧下降，进而辜负了人生学习的大好时光。

二是影响父母与子女的关系。中国父母大多都坚决反对子女早恋，容易激发孩子的逆反心理，因此而引发矛盾冲突，酿成大家不愿看到的悲剧，在社会上时有所闻。

三是影响集体和他人。陷入早恋的青少年往往注意力集中到了某一个人身上，对他人和班集体显得漠不关心，处理问题上显得自私自利；在举止言行上有欠得体，导致别人对此怨恨不已；与集体和同学逐步形成隔阂，把自己推到孤立的位置上去。这些都不利于青少年健康人格的养成。

四是早恋易导致性过错。早恋产生的最根本的原因是生理上的性成熟。生理发育的前倾与心理发展的滞后带来的强烈的性冲动往往使青少年失去理智，不考虑后果而发生性行为，一失足成千古恨。早恋的结果，往往使少女成为最终的受害者。

(四) 如何正确引导青少年对待早恋问题

我们应该看到进入青春期的青少年开始追求自我认同感，开始渴望得到成年人的尊重，加上现在网络和媒体的影响，青少年都有早熟的倾向，对异性的好奇、对恋爱的憧憬都有提前的趋势。青少年有早恋倾向是正常的心理反应。如何正确引导青少年对待早恋问题，帮助他们成为具有良好品行和社会责任感的人，是当代教育工作者和家长需要提升的育人能力。具体可以从以下方面进行引导：

（1）教师应成为青少年生活道路的引路人。以平等的态度，以朋友和"参谋"的身份，晓以利害，喻以事理，帮助他们处理好关系他们终身幸福的问题。教师应对青少年进行必要的性教育，以及性安全知识普及。当发现青少年有早恋现象时，对早恋青少年不能粗暴干涉、强行拆散，也不能居高临下、严词训斥。对于早恋的青少年，绝对不能加以歧视，要理解尊重他们的感情，赢得他们的信任，以关怀爱护的态度亲近他们、帮助他们。引导男女同学正当交往，让他们具备对早恋的准确认识，自觉产生免疫力。

（2）发挥父母作为孩子的第一任老师的能动作用。当你的孩子进入青春期后，如果你是以居高临下的方式，去说教、指责、批评，反而会激起孩子的逆反心理。当父母像朋友一样与孩子交流的时候，孩子会更加容易接受，会因为自己受到了尊重而学会去尊重别人，也会更有力量去约束自己的行为。对待孩子的早恋，家长不但要洞察孩子的内心情感，而且还要从旁加以引导，耐心地倾听孩子的诉说，并给他们严肃的忠告。要教孩子自尊自爱，区分友谊与爱情的关系。要告诉孩子，初、高中生谈恋爱最后"终成眷属"的可能性非常小。家长应鼓励孩子积极参加对身心健康有益的活动，以转移其注意力，发泄其充沛的精力。同时也鼓励孩子根据个人兴趣，发展个人爱好。特别提及的是对青春期女孩的性教育，母亲一定要担负起这份责任，要让孩子知道自尊自爱，也知道如何保护自己，不至于让自己受到伤害。

二、单恋

(一) 什么是单恋

单恋是指男女一方对另一方的以一厢情愿的倾慕与热爱为特点的畸形爱情。单恋通常包括两种形式：一种是由内心爱慕对方并无法表示出来或已被对方拒绝仍痴情不改的单恋，另一种是把与对方交往和友谊认为是"有意"或"暗示"而产生的"爱情错觉"。无论是哪种单恋形式都是一种畸形的恋爱，一种臆想型恋爱情结。在心理上表现出由于痴情而对单恋对象产生强烈关注、幻想、焦躁和冲动。

(二) 单恋的心理特征

青少年心理尚未完全成熟，单恋现象比较常见，且较多地出现在性格内向、敏感、富于幻想、自卑感强的人身上。单恋在心理上表现出由于痴情而对单恋对象产生强烈情绪反应。然而这一切都是在对方毫无觉察或者得不到对方认可和接受的情况下产生的，由此引起单恋青少年内心的痛苦和强烈的冲突。

（三）单恋的负面影响

（1）部分青少年碍于周围环境和心理压力，对自己内心深处的情感和暗恋感到难以启齿，不敢向对方诉说。这种闭锁心理更加深了他们的苦恼，很容易产生心理障碍和心态失衡，发生情感失控、精神萎靡、注意力分散、思维迟钝、消沉等现象，给学习、生活、身心健康造成很大的影响，严重的还会失去理智、精神异常，有的甚至走向极端，失去自我控制做出伤人伤己的蠢事。

（2）少数青少年在共同的学习生活中爱上某位同学，就不顾一切地付诸于行动，不管对方是否接受就苦苦追求，完全不顾及对方的感受，甚至做出干扰对方正常学习、生活的行为，丧失人格、自尊去表达自己所谓的爱。

（3）还有些青少年当现实（如已证实对方已婚或已有恋人）无情地击碎了爱的梦幻之后，就会陷入空虚、烦躁，甚至失落、绝望的巨大痛苦之中，承受感情的煎熬。这样的爱情是一种有害甚至危险的感情波澜，既会因为不思茶饭、夜不成眠而影响身体健康，更会因情绪的一落千丈、反复无常而损害心理健康。

总之，面临恋爱这样重大的问题时，就要果断决策，并见诸行动。否则，就有可能陷入单恋之渊，不仅丝毫无助于自己爱情的成功，还可能危及自身的心理健康。

三、恋爱纠葛

（一）什么是恋爱纠葛

恋爱纠葛是青少年恋爱的又一种恋爱挫折，主要是指恋爱时因某些主观因素或客观因素引发的欲罢不忍、欲爱不能的感情冲突与内心强烈的矛盾。

（二）恋爱纠葛的心理特征及负面影响

它给恋爱中的青少年带来一系列的情感危机，引发极度紧张、不安、忧郁、焦躁、恐惧等不良情绪。如有的青少年因恋爱遭到家庭反对，或周围人的非议，显得心烦意乱、坐立不安、焦虑、抑郁；有的因恋人之间出现矛盾、误解或猜疑而忧心忡忡；有的因陷入"三角恋"或"多角恋"的漩涡中，不知如何摆脱这种局面而焦躁不安、恐惧；有的在热恋时由于"第三者"闯入，双方出现感情危机，为此感到不安、痛苦等。这些恋爱纠葛、情感危机使青少年心理上遭受严重挫折，有的会无法控制自己的思想、行为以及情感，不能正常地学习生活，甚至会精神崩溃，并导致自杀等恶性事件。

四、失恋

（一）什么是失恋

挚情之恋是青年男女所憧憬的，它是一杯甘醇芳香的美酒，令人如痴如醉。然而，有恋爱就有失恋。失恋是指一个痴情人被其恋爱对象抛弃。失恋对于青少年心理健康的影响肯定是其人生中最为严重的心理挫折之一。

（二）失恋的心理特征及负面影响

失恋会给当事人带来剧烈的心理创伤，不少青少年在失恋时出现失控和反常的心理，会产生极度的孤独感、绝望感和虚无感，导致心理失衡，性格反常。往往有以下四种较为常见的不良心理：

（1）自卑心理。当代青少年虽然在他人面前显得自信心十足，但同时表现出对他人关于自己的评价，以及自我评价的敏感。失恋使青少年对自己的人际吸引力产生极大的怀疑，怀疑自己不会再被人爱，怀疑自己没有能力再去爱人，表现出对自己建立亲密关系能力的评价急剧降低。有的青少年因为失恋觉得自己没有面子，在同学、亲友面前无地自容，特别是在异性面前没了自信，抬不起头来；有的青少年觉得自己一无是处，认为自己各方面都很差，这表现出失恋青少年对自己各方面的评价出现偏差，引发过度自责行为，产生强烈的自卑心理，感到羞愧难当、心灰意冷。如果当事人性格内向，更易产生这种心理，长期这样下去可能因此走上绝路。

（2）绝望心理。这是失恋所带来的一种极端心理反应。尤其当处于热恋中时，其中一方被另一方拒绝而分手时，这种心理表现得格外强烈。当事人很难心理平静，觉得自尊和情感受到严重的伤害，这时他们可能将自己与外界隔离开，以保护自己免受更多的伤害和自尊心的毁损，甚至可能发誓"以后不可能再恋爱"，对恋爱绝望，从一次失恋中否定对方所属的性别、职业、出生地，乃至爱情本身。这种绝望心理，甚至会影响当事人对学习、生活，或其他方面的信心、兴趣，很可能对学习、生活、人生感到无望，甚至出现自暴自弃行为。

（3）报复心理。这是青少年激情犯罪的一个常见起因。失恋后，有的青少年失去理智，把自己的痛苦全部归因于对方的抛弃，认为对方对不起自己，因此产生报复心理，认为自己不好过也不让对方好过。特别是由于一方不道德而导致的失恋或恋爱进程明显受他人阻挠，使得当事人觉得自己更有理，也就更容易出现报复心理。在这种心理基础上引发的行为常常带有破坏性，从而发生校园冲突事件，伤害他人、自己的身心，这也是青少年恋爱中极度的占有欲受到挫折后而唤起的心理行为反应。

（4）悲愤、渺茫、消沉心理。有人将爱情视为生命中最重要的，一旦失恋了，就学业、前途也不顾了，终日沉浸在极度痛苦中，反复咀嚼失恋后的痛苦，使自己变得性格古怪、形单影只，使人难以接近；有的选择对自己行为不再约束，放纵自己，或借酒消沉，对他人的关心不予理睬，很不近情理，冷漠、痛苦，严重的甚至导致精神异常；有的什么都不再考虑了，只感到一片渺茫。

五、恋爱心理问题与自杀的关系

恋爱心理问题所出现的自杀行为，是个体的生活环境、家庭教养、异性交往等关系相互交织的综合反映，不遵循一般的因果关系的规律。因此，关系是复杂的。

例证与心理专家见解

据杨张乔、杨凡做的"青年期危机与青年自杀问题——1978—2003年青年自杀现象研究"中，报告到对1997—2003年107例青年自杀个案直接原因统计得出：因感情危机自杀者占25.23%。

据上海师范大学的张志刚教授说："每年在高校中都会发生学生自杀的事件，每次听到这样的消息，每年拿到统计的数据，都会让人忧心。我在教委工作的时候，看到过学校送上来的自杀大学生的遗书,看着那些遗书,真的是手都会发抖的。"在这些自杀的大学生中,有超过三分之一的人,做出极端的行为的原因是和感情有关,感情受挫、失恋往往会成为直接或者诱发自杀行为的原因。据南京危机干预中心的调查显示,恋爱失败占大学生自杀原因的44.2%。

以上的例证告诉我们,青少年的恋爱心理问题是造成自杀的重要诱因。人们不禁要问恋爱心理问题为什么会造成自杀呢?

心理专家告诉我们,心理问题是由一定强烈的心理刺激造成的。但每个人对各种心理刺激的承受能力并不相同。通常普通人对心理刺激的承受时间为7~10天。在此时间内,一般人都能通过自身的心理调适来缓解这些刺激所造成的问题。但也有一部分人超过此时间后,仍不能通过自我调适来解决,长期在某个问题上纠缠不清,使自己的心理钻牛角尖。如果不能得到及时疏导,很有可能出现自杀的严重后果。因此,就需要适时地找心理医生,以及时解除心理障碍。

有人可能还是有疑问:为什么同样是恋爱心理问题,有人会选择自杀而有人则不会呢?其实,这与当事人的心理素质有关。据京、港、沪等地对高校学生自杀者所作的调查分析,自杀者均不同程度地具有脆弱、自卑、孤僻、抑郁、悲观等个性障碍。总体来看,自杀的青少年对自己和外界都没有什么安全感,敏感多疑、内心很脆弱,自卑,依赖性强、自我中心、期望过高、攻击性强,承受挫折的能力比较低。当挫折强度超过了他们的心理防线,感到无助、孤独、绝望,感到活着没有意义或对未来不报任何希望时，他们就会采取冲动的行为，选择自杀。

用合理情绪理论（情绪的ABC理论）来分析，是这样的：自杀是严重情绪障碍的极端表现之一。情绪的ABC理论认为，任何出现情绪障碍的人必定是他与周围的关系出现了障碍。要解决一个人的心理问题，不但要分析他与周围的关系出现了怎样的问题，还要在所有这些问题关系中，查找到当事人的"不合理信念"。青少年因恋爱问题的自杀行为可以根据这一理论查找到是什么信念导致当事人因恋爱心理问题而产生自杀念头与行为的。

合理情绪疗法的基本理论模型叫"ABC模型"：A是指诱发性事件；B是指个体在遇到诱发事件之后产生的相应的信念，即他对这一事件的看法、解释和评价；C是指特定情景下，个体的情绪及行为所造成的结果。通常人们会认为，人的情绪及行为反应是直接由诱发性事件A引起的，即A引起了C。而ABC理论则指出，诱发性事件（A）只是引起情绪及行为反应的间接原因，而人们对诱发性事件所持的信念、看法、解释（B）才是引起人的情绪及行为反应的更直接的原因。如青少年出现恋爱心理问题"失恋"了（A），产生的悲伤、痛苦、抑郁、绝望等不良情绪会使当事者的心理受到很大伤害（C），丧失生活的热情（C），感到"一无是处""灭顶之灾"（B），没有人爱他们或者没有人要他们（B），会产生被遗弃或完全遗弃的感觉（B），觉得活着没有意思（B），自杀是唯一能解决问题的方法（B），有这么多不合理的信念（B），自杀的悲剧就会顺势而发了（C）。

六、对由恋爱心理问题引发自伤自杀风险的高危人群的早期识别

（一）国内外心理专家对自杀早期识别的研究

自杀是行为主体蓄意或自愿采取某种方式结束自己生命的行为。自杀是一种有规律可循的社会行为，与其他事物一样，有一个发生、发展到既遂的过程。自杀者在自杀前，或决定自杀时，内心总是充满了痛苦和绝望。在这个心理矛盾冲突阶段，自杀者会经常谈论与自杀有关的问题，预言、暗示自杀，或以自杀来威胁别人，从而表现出直接或间接的意图。如果这一阶段能及时得到他人的关注或在他人的帮助下找到解决问题的途径，自杀者很可能会减轻或打消自杀的企图，这也是自杀行为可以预防和救助的心理基础。美国精神卫生研究所将自杀行为分为三类：即自杀意念、自杀未遂、自杀身亡。研究显示，在有自杀意念的人群中，5%的人会采取自杀行为；在采取自杀行为的人群中，10%的人会自杀死亡。在采取自杀行为之前，约70%的人会事先向亲友表达或暗示自己的自杀意念。

浙江省教育科学研究院副研究员周红五在《心理援助——应对校园心理危机》中论述道：人的行为总是受到人的情绪状态、认知方法和周围环境变化的影响。因此，对于产生了自杀意念的青少年来说，在采取自杀行动前通常会在情绪、认知和行为表现上有所变化，会产生一些旁人可辨别的自杀危险征兆或自杀求助信息。

一般情况下，人们判别自杀者与平时相比不同的预兆有：

①情绪反常。持续的焦虑与愤怒，过度的罪恶感和羞耻感、痛恨自己，害怕失控、害怕疯狂、担心伤害自己和

别人，极度悲伤等。

②人格改变。更退缩、厌倦、冷漠、犹豫不决，或更为喧闹、多话、外向。

③行为改变。自杀者往往表现出与平常不一样的行为，毫无原因地请人吃饭、送人钱财、归还物品等，有时表现出无法专心。

④时常谈论生死问题。谈论或撰写有关死亡或毁灭的情节，对死亡的话题感兴趣。

⑤探望亲友。无缘无故地去探望自己的好友。

⑥写遗书。

⑦与家庭社会隔绝，孤立自己。

⑧饮食、睡眠习惯改变。睡太多或失眠，有时候会很早醒来，没有胃口、体重减轻，或吃得过量。（黄希庭，郑涌）

以上自杀预兆是在常态下自杀者的一般表现。在生活中，有不少自杀者是在突如其来的外界刺激下走上绝路的，如突然获悉亲人逝世的噩耗、罪行败露无遗、身患绝症、丢失巨款等。及时发现并积极关注这些高危人群，对他们加强监护，进行合理帮助，避免唤起其自杀意念，是自杀预防的重要途径。

国外心理学家贝比认为，自杀意图可在精神检查中，通过三种迹象观察出来。其一，许多人自杀前表现为自暴自弃，认为活着没有意思，因此最好马上就自我结束。其二，原先一些郁郁寡欢者，突然表现出莫名的欣快，因为他曾为要不要自杀而心力交瘁，一旦决心付诸行动时，会对自己的决定感到轻松愉快，似有"解脱感"。其三，在接受精神检查时，思维运动呆滞，回答问题缓慢而吃力，流露出生活是不可克服的困难的想法，悲观失望和压抑情绪较为显见。自杀的预兆尽管因人而异，有隐显之别，但在很大程度上还是可以为人所察觉，这为预防自杀提供了可能。

（二）早期识别

学者通过大量预防自杀的安全研究认为，自杀者从萌生自杀意念到实施自杀行为，不论采取哪种形式，都会表现出程度显隐有别、时间长短不一的预兆。青少年群体是自杀的高危群体之一，我们要将注意力放在自杀的高危群体上。青少年学生家长、学校学生管理工作者、学校心理健康教育工作者等能及早地发现青少年学生的自杀意念，对预防和干预自杀行为起着重要的作用。

1. 家长早期识别子女由一般恋爱心理问题发展到自伤自杀高风险人群：

谈到这个问题，很多家长感到束手无策。现代很多家长只知道宠孩子，不知道怎么教育孩子、管理孩子，认为这是学校的事情。俗话说得好，"父母是孩子的第一任教师"，家长是孩子健康成长的领路人。家长的道德修养、文化水平、教育方法以及家庭的环境等，对孩子的成长起着至关重要的作用。家长作为孩子的监护人，对孩子的恋爱是否产生心理问题要特别关注。如果孩子的心理出现较大波动，家长要尽量搞清楚孩子心理波动的原因，及时倾听孩子心声。如果怀疑孩子的心理问题严重，请首先调整好自己的心理状态，不要因为觉得丢脸而隐瞒情况，应及时将孩子送到相关专业医疗机构治疗，否则，可能会发生后悔莫及、难以挽回的事情。

家长还可从以下方面对孩子的恋爱心理问题进行早期识别：

①孩子突然变得不爱打扮自己，邋里邋遢的。

②不愿和父母多说话了，活泼好动的孩子突然变得沉默。

③做事无耐心，情绪起伏大，有时兴奋，有时忧郁，有时烦躁不安。

④呆在一边想心事，时常走神发呆。

⑤不想到学校上学了，放学回家喜欢一个人躲在房间里。

⑥成绩突然下降，上课注意力不集中。

⑦难以入睡或是睡眠过多。

⑧食欲改变（吃得少或过量）。

⑨提出想要转学。

2. 老师早期识别学生由一般恋爱心理问题到发展到自伤自杀高风险人群：

班主任（辅导员）和学校的心理辅导老师，在青少年心理辅导中是一线主力军，他们肩负着帮助青少年健康成长的重要任务，下面就他们对青少年恋爱心理问题早期识别做一下介绍。

学校的心理辅导老师受过一定的专业训练，其工作主要是通过心理健康课程、心理健康讲座、心理咨询、心理信箱、心理热线等关注学生的心理健康状况。在这些日常工作中，特别需要重视"初一现象""高一现象""大一现象"的心理工作的开展，及时做好学生的心理健康筛查和心理知识普及工作，对筛查出的有心理问题的学生进行逐一访谈，做好记录和评估，并将结果反馈给该学生的班主任（辅导员）。对有严重心理问题或者已出现心理障碍的学生，还应上报主管学生工作的相关领导，做好定期咨询工作和跟踪，必要时要做好转介工作。

班主任（辅导员）在学校教育组织系统中是最基层的

教育工作者，承担着教书育人的双重任务。他们可以通过班级团体心理辅导活动和个别面谈等对学生的恋爱心理问题进行早期干预。此外他们更是配合学校心理辅导老师进行专业干预的有效合作者。因此，学校应该对班主任（辅导员）进行有关心理健康管理知识的培训，提升他们的工作业务能力，更能有效地识别学生心理问题。班主任（辅导员）与学生有着广泛的接触，最能观察到学生的一举一动，言行变化，对学生恋爱心理问题的早期识别具有得天独厚的优势。可从这些方面对学生的恋爱心理问题进行早期识别：

①已谈恋爱的学生，最近单调了。

②已谈恋爱的学生（未谈恋爱的学生），最近经常迟到、旷课、上课经常走神、发呆。

3. 同学间相互早期识别由一般恋爱心理问题到发展到自伤自杀高风险人群：

学校应给青少年开设恋爱和性健康课程，对学生进行生命教育，让学生学会爱自己、爱别人。按照青少年心理发展规律和特点，在整个青春发育期，伙伴关系是对青少年个体心理发展影响最重要的因素。同学、朋友之间往往能够相互敞开心扉，讲内心的、真实的想法。因此，同学里"谁在追求谁了""被谁追求了""谁想谈恋爱了""谁谈恋爱闹矛盾了""谁失恋了"等这些情况往往比老师和家长还清楚。特别需要注意的是伙伴关系的同学在交流谈知心话时，好朋友谈到"都是我的错，没有我就好了""我恨他（她）""他（她）不爱我了，活着没有什么意思了"等，可能正是你的好朋友向你发出的求救信号。此时被求助者应该警觉起来，帮助他们尽快走出心理阴影或及时通知当事人家长、老师等。

七、自杀的风险评估

学校应该定期对学生进行心理健康筛查,及时发现有心理问题的高危青少年。

我们可以通过观察法、谈心法、调查访问法等了解和鉴别心理高危人群,达到防范目的。使用心理测量工具对自杀高危人群或自杀未遂者进行心理测量。发挥量表和测验在预测中的作用。要推行心理测试方法,还必须要注意这样的对象:现实中越是自认有精神疾病的青少年,就越不愿意进行测试。据研究,这部分人恰恰在生命垂危时希望得到别人的干预,以在情绪高潮之后能避免死亡。

应该注意的是,对每一个说起想自杀的青少年都应该引起家长、老师和同学的高度重视。在一般人看来,一个谈论自杀的人不会自杀。但惨痛的事实是,许多有过自杀征兆而被忽略的人最终自杀了。因此,当青少年在谈论自杀时,听者千万不要以为现代青年时尚,什么都敢说,其实他们正在表达一个信息,即他们被什么问题纠结了,需要帮助,并以此来探探他人的态度,看看他人是否在意他,尽管他们还没有严重到要把自杀作为解决问题的唯一途径。由此看来,要高度重视关于自杀的谈话,进行有效的风险评估。

一般而言,被怀疑有自杀企图的个案被问及是否有自杀意念时,常坦然承认,但接下来的反应则可能表现出拒绝接受协助或不愿再深谈等。针对此时的境况,相关专业人员必须对个案的自杀危险性高低加以评估,以评判事件的紧急程度,做好下一步的处理安排。若个案强烈表达出死的意愿,有确实的计划以及打算使用致命性高的方法,出现要求个案去死的听觉、幻觉,表达极度的绝望和对未来的悲观等，则必须尽快对个案加以处理，否则会有立即发生的危险。另外，若个案有抑郁症、焦虑、酒瘾、过去自杀病史及家族史等，需考虑短期内自杀可能性的提高。

八、如何访谈沟通

1. 家长如何对子女的一般恋爱心理问题进行沟通？

现代家长要注意青春期孩子的异常行为，做孩子的朋友，真正倾听孩子内心的需求，对孩子进行潜移默化的教育指导。要加大和子女的沟通，让他们有发泄内心情感的地方。而不能照搬家长制的教育方式，采取居高临下、板着脸的说教、指责、批评。或者有些家长不知所措，自己又不加强学习，让孩子放任自流。其实做父母的一定要知道，同样的一句话，怎么去说，用什么语气去说，比说什么要重要得多。作为进入青春期孩子的家长，可以给孩子创建一个比较包容的心理环境，和孩子聊聊恋爱这方面的话题，和孩子分享正确的恋爱观，让孩子知道对异性的好奇是正常的，只是要合理控制自己的行为，对自己的行为负责，知道自己现在的主要任务是什么，让他们把主要精力放在学习上。

父亲尤其要肩负起对青春期男孩进行引导和教育的责任，和孩子做朋友，对孩子进行必要的性教育，以及性安全知识普及，当孩子知道性是怎么回事的时候，他本身的好奇就会减弱。当父亲和他像朋友一样去交流的时候，他也会更加容易接受，会因为自己受到了尊重而学会去尊重别人，也会更有力量去约束自己的行为。

母亲要担负起对青春期女孩的性教育，让孩子知道自尊自爱，还要知道如何保护自己，不至于让自己受到伤害。

这里需要特别提出的是，家长要为建立健康的亲子关系而投入时间精力。在孩子小的时候，父母不能只顾着忙事业、忙社交，等到孩子快到青春期了，才想要好好地和孩子相处，管教孩子的学业、提及交友的限制，而往往在那个时候，父母会发现根本管不住孩子了。要知道家长耐心了解孩子在学校的学习、交友状况，及时地给孩子一些建议，并且以适当的语言让孩子听进去，都是建立在良好的亲子沟通上的。

切记让孩子感到孤独，缺乏爱的家庭对孩子的成长而言是危险的环境。

2. 老师如何对同学的一般恋爱心理问题进行沟通？

班主任（辅导员）要注意与学生的沟通技巧和方法的提升，在处理学生异常行为和心理问题时，不能只是将学生的行为问题看成是道德问题和思想问题，采取过多的说教、批评和劝解，而是要与学生沟通，通过多倾听、了解和尊重，掌握学生的真实想法和具体情况，站到学生的角度，为学生排忧解难，帮助有恋爱心理问题学生找到克服困难、战胜自己的正确途径，"化恋爱心理困惑为成长的机遇"。

学校心理辅导老师要从专业的角度，帮助出现恋爱心理问题的学生找到问题的症结。俗话说，解铃还须系铃人。如所有的失恋者都有一种难以摆脱的情结，即"我的终生幸福没有了"。怀有这种情结的失恋者不敢面对失恋的现实与未来，结果陷入越痛苦越思念、越思念越痛苦的怪圈中，不能自拔，从而导致心理疾病的产生。学校心理辅导老师要让恋爱心理问题的学生认识到爱情并非生命的全部，人生还有事业、亲情和友情；更要他们认识到：失恋就是失面子、失恋是自我价值贬损、不敢面对这个严酷的现实都是不可取的。只有勇敢地面对事实与未来，才是顺利走出心理阴影的重要一步。

九、如何及时干预

国内对青少年的自杀企图的研究结果显示，自杀诱因以人际间的冲突为首，特别以男女感情或亲子间的冲突表现突出。西南大学心理学部郑勇教授谈到，在进行自杀干预时，以下各点需要特别注意：

1. 要有生命关怀的觉悟和高度的警觉心。当任何人谈及对于生命有厌恶感时，都应予以注意，将其视为一种求救的信号。即使有些人习惯将寻死挂在嘴边或以死亡来威胁别人，也不要忽略他真会自杀的可能性。也要认真对待口头的自杀威胁，不要以为他们只是开玩笑，或不认为他们真的会如此做。

2. 对于有重大丧失的个体，要适时地给予关心、共情及安慰。对于有自杀征兆的个体，要经常向其表达并让其知道你的关切。想自杀的个体常会有情绪低潮及行为退缩的征兆，若对此个体多一点关心，则征兆可以提早发现。

3. 发现个体有自杀的征兆时，要相信自己的判断，宁可反应过度，也不要麻木不仁，以免追悔莫及。至于在辅导室或由周记、信函中注意到青少年有自杀倾向时，宜采取积极面谈的方式建立信任关系。

4. 自杀问题的处置，往往需要家庭的参与。家人应该积极寻求专业人士的帮助，不要有"家丑不可外扬"的心态。

5. 如果个体处在危机阶段，应随时陪在个体身边，并切实找出个体想自杀的原因。

6. 出于安全考虑，把可能的自杀工具统统拿走。

7. 最后，那种"基于保密的原则，不能把青少年有自杀的想法告诉他的父母"的观念是错误的。当保密会危及到一个人的生命安全时，保密性就被置于第二位。也就是说，当你所辅导的对象可能伤害自己或别人时，不论从法律的角色或是人道的立场，你都有通知相关人员的义务。

下面，从家长干预、老师干预、同学干预几方面，具体说明不同关系的人，如何对个体进行心理干预。

1. 家长干预

家长当得知自己的孩子出现恋爱心理问题时，不管是早恋、单恋、恋爱纠葛还是失恋，请一定保持冷静心理状态，心理首先要暗喜自己的孩子长大了，有了追求异性的渴望。此时，自己有责任帮助孩子树立正确的恋爱观，正确对待、认识恋爱中的挫折。家长有了好的心态，家长的干预才会起到好的效果。很多的实证告诉我们，有家长的有效介入，亲情的连接，青少年的恋爱心理问题的解困就实现了一半。

嘉兴第四高级中学心理健康教育中心主任、国家二级心理咨询师孔宁说："面对青春期孩子对异性的眷恋，家长即使再反对，也应该采取温和的方式，而不是简单的否定或命令，忽视孩子的情感需求、挫伤孩子的自尊心。"家长应该先听听孩子的想法，对孩子的情感表示理解，对孩子的选择要以商量的口气提出异议，不要急于"快刀斩乱麻"，而是要给孩子充分的时间，使其有自我思考的空间。孔宁说："孩子能在家长那里得到尊重和理解，就不会有很强的抵触情绪，情绪平静下来，就能够理智地自我思考。不管孩子最后怎样决定，至少极端行为不太可能发生。"

2. 老师干预

失恋是青少年人生中最为严重的心理挫折之一。班主任（辅导员）要高度重视对学生失恋的心理干预，如果必要，要将这些学生转介到学校心理中心。在转介过程中，班主任（辅导员）应亲自陪伴学生去学校心理辅导中心。与学校的心理辅导老师沟通，必要时要协助配合做好学生的恋爱心理问题干预工作。这里特别需要注意两点：第一，当恋爱心理问题同学转介到学校心理辅导中心干预后，班主任（辅导员）仍然要积极关注失恋同学的心理和行为变化，与学校心理辅导老师做好沟通；第二，对在什么情况下通知家长介入及干预的把握，这个分寸的把握会影响学生恋爱心理问题的发展走向。学生恋爱心理问题在发生阶段多数是会影响正常的学习纪律的，班主任（辅导员）当得知学生出现失恋等恋爱心理问题，要耐心与学生交流，了解"爱上了谁""爱的人有什么优点""为什么放不下"等。还需要了解的一个话题是，该生的家长对她（他）谈恋爱的态度。班主任（辅导员）不要轻易地将学生的恋爱心理问题情况告诉家长，如简单地表达你的孩子出现恋爱心理问题了，已发展到厌学、违纪等。这样家长得到的信息是孩子不乖，在学校表现不好，小小年纪谈恋爱。由此，家长可能对孩子也作出简单粗暴的处理。臭骂孩子一顿，并不能使学生的恋爱心理问题的情感困惑朝着老师们希望的方向发展，办出事与愿违的事情来。这个观点并不是说班主任（辅导员）不能告诉家长，而是需要评估，如果该学生有自杀意愿出现，那不光是要告诉家长孩子的恋爱心理问题，而且需要家长到校配合老师做好该学生的心理干预。

如果经过评估，发现学生的自杀危险性相当高，应尽量协助其住院接受治疗。在等待住院期间需安排有人随时陪伴他以防不测，必要时需强迫拒绝治疗的学生就医。若他的自杀危险性高但不至于相当急迫，首先应尝试让与他较亲近的亲友接触，提醒亲友要提高警觉并采取共同面对问题的方式与之接触；其次，设法了解学生可能使用的自杀方式并尽可能让其无法取得自杀工具；同时，通知他的辅导人员，辅导人员会尽量多与之保持联系并表达协助的意愿，透过此点，有时能有效降低他的自杀意念。

总之，加强对青少年恋爱心理问题自杀的防范与干预，采取各种必要措施减少悲剧的发生，是各个学校不可推卸的责任。各学校需要建立心理辅导机构，开通心理咨询热线，昼夜派专人值班，并利用校园网建立心灵绿色通道。设置专职心理咨询老师开展心理辅导工作。心理咨询可以持续、稳定地帮助学生摆脱各种心理困扰，消除各种心理障碍，防止学生用偏激极端的行为（如自杀）对待自己或他人。同时学校还要组织思政教师队伍、学生处、保卫处、辅导员、寝室长等学生干部担负起心灵卫士的责任，时刻关注自己身边的学生或同学。

3. 同学干预

当自己很希望帮助好朋友从悲伤、焦虑、绝望等消极情绪中走出来，却感到力不从心时，千万不要有讲义气一说，采取保密的行为，耽误了专业人员对这位情感严重受伤、需要及时干预的好朋友进行干预，否则容易使其产生心理障碍，甚至走上不归路，造成无法挽回的局面。知情的同学要积极规劝好朋友去向学校心理老师咨询。当规劝无果，并发现你的好朋友的情绪已发展到绝望，有轻生的想法或者有自杀计划时，千万不要认为常喊着要自杀的人其实不会自杀，因而不太关注欲自杀者发出的信号，以致痛失救助良机。请你马上想办法通知班主任（辅导员）、心理咨询老师、家长等重要干预资源，并且要守候在这个同学身边，做到寸步不离，以保证这个好朋友处于安全状态，等待班主任（辅导员）、心理咨询老师和家长等人员的到来。

第二节　父母养育方式、家庭问题、经济问题引起的自伤自杀行为

案例一

"活着没意思！"如果不是亲耳听到，这句话从一个16岁的男孩口里说出来，实在让人难以置信。说这话的孩子叫小可，是北京市某重点中学的高一学生，长得眉清目秀，但身体瘦削，个子不到1.70米，戴着近视眼镜，说话还有点羞怯。从外表一点也看不出他曾经有过轻生的念头。

小可是独生子，从小受父母特别是爷爷奶奶的呵护，没上过一天幼儿园，多半时间是一个人在家里玩耍。上小学后，性格渐渐变得有些孤僻，不爱说话，也不爱和同龄人交往，除了打乒乓球、下象棋，几乎没有其他爱好。从小学到初中，小可的玩伴和朋友不多，但成绩一直不错，在班上总是名列前茅。每次考试拿到成绩单后，总会从爷爷奶奶和父母那里得到考前承诺的金钱奖励。

初二下学期，班上一个女生主动接近小可，给他带好吃的零食，约他一起去打球。这让小可有点受宠若惊，两个孩子开始了一段朦朦胧胧的"初恋"。从不讲究穿着的小可也开始注意打扮自己了，那段时间，他精神状态极佳，成绩不但没有下降，反而有所上升。

然而考入高中后，这一切很快发生了变化。由于是重点中学，群英荟萃，小可原来的成绩现在只能算中等偏下了，第一次考试的名次从原来的前几名滑到班上的30多

名，从小受惯了表扬和奖励的小可异常失落。雪上加霜的是，那位原来喜欢他的女同学被一个英俊男生"夺"走了。他几经努力，也无济于事。小可第一次"失恋"了，并一度产生了自卑心理。为了增强身体对抗力，他买了沙包和绑腿，在家里锻炼体力，可因为吃不了苦，没有练几天就放弃了。

情绪的波动导致学习成绩继续下滑，期末考试，小可在班上的名次一下子落到了40多名，而且史无前例两门功课没及格，也第一次未能获得家长的奖励，反而遭到父母的一顿责备。小可的情绪降到了冰点，2005年的春节，他躲在家里哪里也不去，整天闷闷不乐。

"爸爸妈妈只关心我的学习，看我玩一会儿电子游戏就骂人，奶奶管着我吃的，少吃几口就唠叨个没完。我连一点自由时间和空间都没有了，活着还有什么乐趣？"为了发泄，小可在家里经常用拳头砸墙壁，有时手背被砸破皮，鲜血直流，父母看了心痛不已。有一天，他听同学说男人的烦恼都是"命根子"惹的祸，于是产生了自宫的念头，幸亏被他父亲发现，及时制止了。但父亲仍然没有意识到事态的严重性，只是狠狠地骂了他一顿，这让小可更加灰心丧气。他一次次想到了死，当这个念头最强烈的时候，他甚至做出了结束自己生命的计划……

为什么孩子会如此经不起挫折，为什么青少年这么容易走极端？笔者经过一段时间的调查发现，导致青少年自杀的原因主要有家庭关系恶劣、人际关系不良、情感问题处理不当、学业压力繁重。其中排在首位的是家庭关系恶劣，它直接导致青少年自杀和自伤行为的发生，对此，家长应引起高度重视。

很多家庭对于孩子的教育与管理，主要精力都放在学习与生活上，而对孩子的心理健康不够重视。

一、理论分析

1. 常规的家庭教养方式

不同的家长对幼儿的教育态度和教养方式不一样，他们的教养态度和教养方式直接影响着孩子的行为和心理。父母的教养方式大致可分为四类：权威型、专断型、溺爱型、忽视型。

（1）权威型

在多数情况下，权威型最有利于孩子的成长，这是一种理性且民主的教养方式，父母在孩子心目中有权威，这种权威来自父母对孩子的理解与尊重，来自他们与孩子的经常交流及对子女的帮助。父母为孩子设立恰当的目标，对孩子的行为作出适当限制，并且奖惩分明。这种教养方式下的儿童独立性较强，自尊感和自信心较强，善于自我控制和解决问题，喜欢与人交往并具有一定的社会责任感。

（2）专断型

专断型父母则要求孩子绝对地服从自己，对孩子的要求很严厉，提出很高的行为标准，稍有不顺，非打即罚。这种教养方式下的儿童常常表现出焦虑、退缩和不快乐，自我调节能力和适应性都比较差，缺乏社会责任感。长此以往，将会与父母关系疏远，产生叛逆心理。

（3）溺爱型

溺爱型的父母对孩子充满了爱与期望，但对孩子缺乏控制和要求，对孩子违反规则的行为采取忽视或接受的态度，很少发怒或训斥儿童。这种教养方式下成长起来的儿童表现得很不成熟，自我控制能力很差，常以哭闹等方式寻求及时的满足，对父母依赖性很强，缺乏自信、恒心、毅力和责任感，具有较强的冲动性和攻击性，对父母缺乏孝心。

(4) 忽视型

忽视型的父母对孩子的成长表现出漠不关心的态度，既缺乏爱的情感和积极反应，又缺少行为方面的要求和控制。跟孩子在一起的时间很少，有时会对孩子流露出厌烦、不愿答理的态度。不管出于何种原因，这种极端的忽略也可以视为对孩子的一种虐待，这是对孩子情感生活和物质生活的剥夺。它会使孩子出现适应障碍，对学校生活缺乏兴趣，学习成绩和自控能力差，具有较高的攻击性，感情冷漠，并且在长大后会表现出较高的犯罪倾向。当然，轻度的心理偏离，只要注意改变教育方式，用科学、正确的方法抚育孩子，就可很快奏效。而对有明显的心理偏离、学习困难，或有行为问题的孩子，宜及早让儿童心理专科医生给予心理治疗和药物治疗。

二、常见的家庭问题

家庭是孩子心灵和生活的归宿。看似家庭内部"小"问题将直接影响着孩子人格的形成，家庭的不幸甚至导致孩子走上绝路。因此，预防家庭问题的出现就成了绕不过的"坎"。从常规情形来看，家庭一般会遭遇如下几类问题：

(一) 代际沟通问题

在家庭关系中，父母总是喜欢站在"家长"的位置跟孩子交流，要求孩子"听话"，或者按照家长的意志行事，美其名曰"一切为了孩子"。不过在实际过程中，却很少站在孩子的立场去考虑问题，往往忽视了孩子的想法和感受，一旦和孩子的观点不同，家长就爱用高压态势或者暴力的方式强迫孩子，很不尊重孩子的人格，造成双方沟通的"隔阂"。倘若双方一直用这样的"沟通方式"，孩子要么变得自闭而压抑，要么极其逆反，最严重的情形，就是觉得活着很没有意思，一旦有诱发事件的出现，孩子就很容易走极端，爆发严重的家庭战争，甚至出现自杀自残的行为。

（二）教育理念问题

不少家长都喜欢"唯成绩论"，认为成绩好的孩子什么都好，也都处处将就成绩好的孩子，甚至在家中表达"只要成绩上去了，一切都好办"的教养态度。而且常常拿自己的孩子跟别人的孩子做比较，喜欢把孩子作为对外炫耀的"资本"，包括读的什么学校、参加了什么培训、在班级中的名次等。因此，为了不让孩子们输在所谓的"起跑线"上，家长们从小孩子开始就疯狂地给孩子们争夺优质的教育资源，所谓"拼爹从幼儿园开始"的观点就是这么来的。不少家长从孩子学前开始，就想方设法给孩子走关系，花钱买指标，支付巨额的赞助费用或择校费等，拼命把孩子送进最好的幼儿园、最好的小学和中学。除此之外，家长们还疯狂地给孩子们规划和安排各种培训，比如舞蹈班、珠算班、演讲班、少儿英语班、情商训练班等等。他们单纯地认为，只要我给孩子搭建了这么优质的教育平台，孩子们的成功就指日可待。甚至一厢情愿地认为，我为孩子们付出了这么多，孩子们就应该很感激我为他们作做一切，不应该拒绝家长为孩子们所做的一切规划和安排。

这样的家长往往忽视了孩子的兴趣爱好，完全不顾孩子的基础和接受能力。当孩子们觉得家长的做法和他们的兴趣或者实际情况有很大的出入的时候，或者觉得自己根本无法应对优质学校的快节奏和高强度、高标准的学习状态时，便会感到非常痛苦，无法在这些"好学校"继续学习。继而会和父母发生争吵。而父母总会自以为是地教训孩子，告诉孩子那是他们自己不够努力，然后把他们和其他成绩好的孩子做比对。这样做不仅会严重伤害自家孩子的自尊心，还会爆发亲子关系大战，亲子双方都很受伤。每当这时，父母会很委屈地跟孩子或者其他亲朋诉苦，说为了孩子，省吃俭用，费尽心血，结果孩子还这样对待他们。通常这样诉说的家长，他们的孩子根本不领情，他们觉得很不幸福，也感受不到学习的快乐。如果实在被父母或亲朋逼迫或指责得很厉害，物极必反，孩子们会做出极端的事情，对父母产生严重的抵触情绪，或者激烈的对抗，当无力改变现状，或者无法应对父母亲朋的高压态势的时候，他们就会想到自杀。

这些导致家庭关系极其紧张的理念包括：学校牌子越响越好、文凭越高越好、大学比职业学校好、公办学校比民办学校好、出国留学比国内接受教育好、多参加培训班比少参加培训班好、尽量参加各级各类比赛等。在这些功利教育的思想引导下，家长们通过各种手段断绝了孩子们的兴趣爱好，逼着孩子们不停地向更好的成绩和更高的层次去努力，家长们乐此不疲地不停地帮孩子们去追逐这些名和利，不断地通过孩子的成功给自己脸上贴金，孩子们则不断地成为试验品和牺牲品。

以下是一个由于家庭问题所致孩子自杀的真实案例：

当你们看到这份遗书的时候，我可能已经走在天堂的路上了。我的心里有很多很多话想说，但是拿起笔我却一个字都写不出来,我不知道我这是怎么了……

我是谁?我无数次地问自己!为什么我总是要活在别人的期望中啊!我是谁?我是谁?我是谁?我是谁?

都说孩子是父母的宝贝,玩网游的我为什么就不是?我的生活有太多无奈,我无法改变。自从成绩出来后,我就被你们关在屋子里面,不准出家门。其实,没考上重点高中不是我的错,更不能把这罪名算在玩网游上,学习成绩我一贯就这样差,你们不是不知道。既然知道又为什么要逼我一定要考上?我的心声,从来没有人聆听。

现在玩网游已经是我最后的一点乐趣了。我亲爱的爸爸妈妈,你们竟然把我整天关在屋子里,网线也给我断了,你们做得太绝了。我已经无力去改变,我也不想去改变,我觉得我只是个多余的碍事的家伙,不配做你们的儿子。

我要离开这个世界了,我相信会有来生、会有天堂和地狱。来世如果我还是人,我一定要投胎到一个宽容、自由的家庭!我只想做个有独立人格的孩子,我崇拜于丹、韩寒、凤姐,他们都活得很自信自由;我恨陶教授、杨教授之类不懂装懂的"叫兽",我更恨那些把人逼跳楼的戒网瘾学校。我在天堂一定会替那些饱受你们折磨的孩子问候你们八辈子祖宗……

师父,徒弟我走了,以后没有人跟在你屁股后面屁颠屁颠地捡装备了。我走后,你再收一个徒弟。

小兰、宋,你们都要好好学习,好好把握自己的命运,我会在天堂里为你们祈祷的。

爷爷,您也别难过,孙子不孝,让您白发人送黑发人了。奶奶走后,您一个人孤苦伶仃,时常坐在我旁边看我玩游戏……我走后,您帮我把所有的钱都充到我的游戏账号里，然后帮我把级练起来。爷爷，您不是一直想知道我的账号密码吗？我告诉您，这是我唯一的遗产了，我要留给我亲爱的爷爷。以后您把我游戏里的角色当孙子养，看见他就像看见我似的……

我的账号是：冰封特洛伊。

三、生活方式问题

生活方式不同也是导致亲子关系恶化的诱因之一。"90、00后"的青少年，典型的新生代，他们是互联网时代的产物，是3G时代的"弄潮儿"；是网络文学的忠实读者。他们生活在虚拟世界的时间甚至比现实社会的时间更多，他们受西方生活方式的影响更深刻；他们特立独行、个性张扬，有思想、有主见、崇尚自由和平等，是颠覆传统的一代；是乐于接受新事物、学习能力很强的一代；同时，他们也是不愿吃苦，非常懒散的一代；是拒绝家务劳动、生活自理能力很欠缺的一代；是自我过度膨胀，容易以自我为中心，自私自利的一代；很多也是隔代教育的产物，是亲子教育缺失的一代；还是受到过度保护，心理素质很脆弱的一代……他们很可能是昼伏夜出，也可能在家当宅男宅女。他们和父母一代的生活方式截然不同。当孩子逐渐长大的时候，这些矛盾会逐渐变得尖锐起来，父母亲可能很难接受这些"90、00后"的生活方式，家中会爆发严重的家庭危机，亲子关系变得紧张。这些终将会导致极端事件的发生。这一点应当引起家长们的高度重视。

四、家庭关系问题

家庭关系的好坏会直接影响到孩子的健康成长，这些关系主要包括夫妻关系、亲子关系、婆媳关系等，其中最重要的就是亲子关系了。当父母和子女都有很好的且有效的沟通的时候，孩子的心理健康水平就会很高，人格会很健全。反之，当亲子关系恶劣，孩子长期处于压抑、抱怨、争吵的氛围时，孩子会逐渐对生活感到失望，甚至绝望。另外，夫妻关系对孩子也影响深远。当夫妻关系恶化，夫妻双方很容易把孩子作为出气筒、挡箭牌或者牺牲品，有的夫妻会把孩子当作包袱，双方都相互推诿，逃避责任，这让孩子觉得无所适从，有的孩子甚至被逼"离家出走"。这中间有部分孩子会过早地进入社会，成为"问题青年"，不小心就误入歧途。令有些孩子觉得生活很没有意思，未来无望，最终选择了自杀。

五、经济条件问题

校园也是个小社会，孩子们在学校有时会有攀比行为和攀比心理。这时有些家庭条件不好的孩子就会时常感到缺少自信形成极大的心理压力。当他们不能像其他同学那样拥有足够的机会和资源的时候，他们的内心会失衡，甚至出现扭曲。有些孩子也因为贫穷、走投无路，而做出了违法或者违背道德的事情，一失足成千古恨。

六、家庭暴力问题

家庭暴力在许多家庭都存在，这里指的暴力分两个方面，一是夫妻之间的家庭暴力，二是父母对孩子实施的家庭暴力。有的父母性情非常暴躁，对孩子的教育又不得其法，当孩子犯错之后，总喜欢用武力解决问题，认为"黄荆棍下出孝子""不打不成器"等，久而久之，影响了孩子的人格健全，孩子也容易像父母那样，变得暴力极端：要么离家出走逃避暴力，要么激烈反抗父母的暴力行为。当有些暴力行为让孩子无法承受的时候，孩子会出现极端行为，其中有的孩子则会选择一死了之，以逃避家庭暴力所带来的痛苦。

七、父母离异问题

问题孩子一定源自问题家庭。随着离婚率的不断升高，家庭问题已经成为了一个很严重的社会问题。不少孩子成长于这些"不完整"的家庭，得不到完整的父爱或者母爱，有些孩子甚至会因此产生不少的心理问题。尤其是唯一的监护人还要忙于工作，更没有时间来教育引导孩子，很可能让孩子"被隔代教育"，或者让孩子成为了"留守儿童"，又或者"寄人篱下"，被辗转于亲朋之间……孩子在这样的管理真空的状态下，要么变成了野孩子，要么心理备受"压抑"，扭曲的心灵也容易导致孩子的极端行为的出现。

八、危机事件

每个家庭都可能遭遇许多不确定性，包括意外事件的出现，比如父母或者感情最好的人离世，这会给孩子心灵带去重大灾难，孩子会觉得天都塌了。当然还包括家庭财富破产，被伤害侮辱，或者遭遇不测等，这些都会让孩子无所适从、六神无主，陷入惊恐不安之中，心理承受能力差的孩子很可能走极端。

九、上述问题与自杀的关系

家庭问题对青少年来说，本质上是一种挫折，不少青少年朋友在这样的环境中成长，心理会受到不同程度的伤害和影响。主要在于以下几个方面：
（1）影响孩子的幸福感；
（2）影响孩子的学习状态；
（3）影响孩子健全人格的形成；
（4）刺激孩子自杀的欲望。

十、早期的风险识别

（一）家长要细心发现孩子的异常

家长是孩子的第一任老师，良好的家庭氛围、科学的教养方式，对孩子的健康成长起着至关重要的作用。当家长发现孩子出现抑郁和反常的现象时，应主动地与孩子沟通，多关注孩子的一举一动，当发现孩子有异常行为出现的时候，要引起高度重视。

（二）老师要充分借助学生的同伴资源及时处理学生出现的种种心理问题

青少年在学校学习期间，因学习成绩不好、受老师批评、情感受到挫折、同学关系恶劣等各种原因而产生消极的情绪体验，当发现自己难以适应这种环境，便会产生消极、逃避、自残等行为表现。一般情况下，同学尤其是室友很容易发现同伴的这些状况。当发现这些苗头后，应该及时汇报给老师。老师根据情况进行相应的处理，为了了解学生在学校的整体情况，可以通过如下量表，了解其在学校的成长环境，比如：师生关系量表、同学关系量表、UCLA孤独量表等。

（三）专业机构

当青少年的心理问题比较严重，学校和家长都没有更好的办法帮助青少年走出困境的时候，可以把青少年送到医院进行详细的检查。医生可以通过心理测评和心理咨询来对孩子的问题进行筛查，对有严重心理问题的青少年还可以进行系统的心理治疗。

十一、自杀的风险评估与危害

想要有效防范青少年中出现自杀风险，除了日常的观察，交流咨询这些渠道外，还可以通过专业的测评量表对自杀风险进行筛查，以重点关注有自杀倾向的青少年。可供参照的测评量表包括如下几种：自评抑郁量表（SDS）、自杀态度问卷、生活满意度量表B（LSIB）、青少年生活事件量表（ASLEC）、社会支持评定量表、汉密顿抑郁量表（HAMD）。

在与青少年朋友进行访谈沟通的时候，要尽量把握以下几个主要的原则：

（1）不批评原则；
（2）中立性原则；
（3）无条件接纳原则；
（4）不包办原则；
（5）尊重原则；

(6) 真诚原则；
(7) 边界原则；
(8) 保密原则。

十二、如何干预

（一）家长干预

当孩子有极端的想法的时候，细心的家长会发现孩子表现出异常现象或者行为，比如情绪消沉、自我封闭、厌食厌学、不与外界交流、逐渐变得沉默寡言等。如果出现这类情况，就应该引起家长们的高度重视，及时干预。对于孩子可能出现的问题，建议家长通过如下几种方式进行察觉和干预：

（1）与孩子耐心交流，找出孩子出现这种情形的原因。

（2）从孩子的朋辈或者同学那里了解孩子最近的状况，并通过孩子的伙伴给予相应的帮助。

（3）多关注孩子们的日常生活习惯，还有兴趣爱好，从这些习惯中也可以发现问题的蛛丝马迹。

（4）多关注孩子的QQ日志或者微博、微信等，可以从中发现孩子的一些想法。

（5）家长可以多带孩子参加一些亲子活动，在这些互动中可以增进情感和交流，拉近彼此的心理距离。

（6）家长还可以定期带孩子外出旅游，在轻松的氛围中帮助孩子消除负性的情绪状况，有利于孩子的身心健康。

（7）父母亲还可以多学习教育学和心理学相关的知识，了解孩子的身心成长规律，掌握科学的合理的沟通方式，培育出亲子双方良性的沟通氛围。

家长还可以通过如下量表，了解孩子对家庭成长环境的评价，以便有针对性地与孩子进行心理交流。比如：父母养育方式问卷（EMBU）、家庭环境量表（FES）等。

(二) 学校（老师）干预

相对于家长而言，老师对学生心理问题的干预显得更加专业、更加系统一些，老师更侧重于对学生心理问题的预防，把危机事件消化在萌芽状态。下面提供一些可以操作的方案，期待给老师和专业咨询师们一点参考或借鉴。

1. 建立心灵成长训练营（班）。

老师们可以定期（每年一次）对学生开展心理普测工作，根据测评的结果，把有心理问题的学生编入若干心灵成长训练营，如强迫、焦虑、人际、抑郁、偏执、情绪训练营等，通过团体辅导，尤其是用模拟沙盘治疗或者团体拓展训练等形式，来逐渐提升学生的心理健康水平。

2. 在每栋学生宿舍建设一个"快乐聊吧"，定期开展心理访谈工作。

老师可以会同更多的学生工作部门，一起参与到学生心理问题的预防之中，组织相关领导和学生工作队伍，一起深入学生宿舍，在"快乐聊吧"开展形式多样的访谈活动，力争把学生的一般心理问题消化在基层宿舍。

3. 给学生提供更多的咨询渠道。

建议学校建设一个标准的心理咨询室，聘用专业的心理咨询师，并开通学校的心理咨询热线，随时接待学生的心理咨询，还可以借助12355心理咨询热线，及800-810-11117心理危机干预热线的资源平台，全方面立体式地开展心理咨询工作。

4. 开展更多的心理健康宣传工作。

老师还可以通过讲座、心理杂志、心灵广播、网站、QQ、微信、微博、电影、活动等多种形式宣传心理健康知识，让青少年朋友养成时时进行自我心理保健的习惯。

5. 更加重视对心理健康教育工作的投入。

尽量争取心理健康教育与咨询的专项经费，将测评工作常态化，并定期开展复测和筛查工作。高度重视有严重心理问题的学生，严格要求各部门认真配合和按时落实心理咨询中心的相关工作，及时配合咨询中心开展心理危机干预工作，及时协助咨询中心对心理亚健康的学生开展团体心理咨询和个体心理咨询工作。

6. 老师们要多加强横向联系，借助更多的社会资源来协同开展心理咨询工作。

以重庆为例，老师们可以积极参与到重庆市高校心理咨询专业委员会和重庆市心理咨询师协会、全国"青爱办"的心理统战工作中去，不断加强高校间的资源共享和协同作战；不断加强医校合作，对筛选出有严重心理问题的学生，将及时转诊至重庆医科大学附属医院开展后期治疗工作。

7. 加强三级心理保健网络的建设，形成"四位一体"的心理健康教育工作模式。

老师可以充分利用学院资源，在校级层面建立专业的"心理咨询室"，系部建立"学生工作站"，宿舍建立"快乐聊吧"，完成三级心理保健网的建设。还可以充分借助班主任老师队伍和心理志愿者，在全校开展"四位一体"的心理健康教育教学工作，即把"心理测评和咨询，课程讲授，心理活动和学生自助学习"四大方面有机整合起来，把心理健康知识的学习和日常活动实践有机结合起来，全程全面实施心理保健工程。

8. 继续落实心理健康教育必修课程制度。

心理健康教育工作，离不开课堂，因此，老师要积极争取把心理健康教育课程纳入人才培养方案，纳入必修课程体系，保证必要的学时，系统地给学生普及心理健康教育知识，这是极其必要的。它可以帮助学生正确看待心理咨询，当遭遇心理问题时，能主动、自愿地到心理咨询室接受心理咨询和治疗服务。

（三）医疗干预

当学生出现精神病征的时候，家长和老师就必须尽快把孩子送往专业医院，由精神卫生中心以及有精神科的综合医院负责对孩子进行专业治疗，具体方案由医院制订。

（四）同学干预

同学在一起生活的时间是最多的，彼此间比较了解，也很容易察觉到彼此的异常。当他们彼此发现有问题出现的时候，唯一能做的事情，就是及时把情况反映给学校老师，或者协助医院对学生进行检查和治疗。

十三、自杀事件后相关人员的危机干预

自杀是指个体蓄意或自愿采取各种手段结束自己生命的行为。凡自杀者无外乎理智型和激情型两种，青少年自杀者以激情自杀多见。也就是说，青少年自杀大多由在一定的外界环境刺激下出现的爆发性情绪引起，此类自杀进程迅速。在危机干预方面，目前大多数学校都侧重于对学生自杀前的各种干预，但在自杀事件发生之后，却大多没有及时采取有效的干预。然而，一旦发生学生自杀事件，会对现场目击的学生和老师，参与事件处理的家长和相关人员等诸多人产生较大的影响。因此，学校要注意做好自杀事件事后的危机干预，避免出现各种恶劣影响和不良后果，具有十分重要的现实意义。

自杀事件造成的不良后续影响分析

（一）对自杀未遂者的影响

青少年心理相对脆弱，容易以自我为中心，处理问题的方式方法不够成熟，当遇到家庭、学业、人际关系等挫折的时候容易产生失望、无助、沮丧、愤怒、恐惧等负面情绪，因为个性偏内向、自尊心过强及其他因素的影响，又未能及时向外界求助，最终选择自杀作为解决困难的手段，这是青少年典型的自杀过程。自杀事件发生之后，对于自杀未遂者来说，虽然逃过一次劫难，身体上的创伤在经过一段时间的救治之后得到了较好的恢复，但存在于其心中的伤害未必完全得到恢复。选择自杀的青少年的性格特征多偏于内向、孤独，容易陷入焦虑与绝望之中，偏执，过分认真，责任感过强，缺乏兴趣爱好，情绪不稳定，心情多变等。这些青少年在心理特征方面具有一些共同特点，例如孤独和偏执等。他们普遍对生活失去了兴趣和信心，陷入自己所设定的小圈子中，认为自己是世界上最不幸的人，只有死才能获得解脱。在学习和生活中遇到任何转变和打击的时候，也会出现悲观失落的感觉，充满挫败感，不能客观地面对各种打击和磨难。因此，对于这些自杀未遂者来说，极易受到原有心理的影响，再次萌生出自杀的念头来，导致悲剧的再次发生。

（二）相关人员心理恐慌和失眠

死亡一直都是人们恐惧的话题，尤其是对目击了自杀经过的教师和学生而言，因为亲眼目睹了自杀事件，因此极易在自己的心理留下阴影，导致自身的恐惧和焦虑，从而引发一系列不良的后果，例如失眠等。调查显示，很多目击了全部或者部分自杀发生经历的教师和学生都表示，不敢再经过事发地点，尤其是独自一人或者是夜间。还有很多调查者表示,在晚上会回想起当初目睹的自杀事件的相关内容,并产生十分恐慌的感觉,无法正常睡眠。闪回也是事件目击和经历人员经常出现的一种应激反应。有调查结果显示,对很多目睹了自杀事件的相关人员来说,虽然事件已经过去了一段甚至是很长时间,但是很多人依然存在严重的"闪回"现象。自杀事件的发生画面的不断闪回成了困扰很多人的主要问题。心理专家发现,无论白天还是晚上,甚至在交谈时,这些人员的脑海中都会出现自杀事件的相关画面。无法忘记自杀事件场景导致很多人出现了身体上的反应,例如晚上睡觉时心慌、出虚汗,还经常惊醒。

(三)不良心理暗示

自杀事件还极易导致很多不良的心理暗示。世界卫生组织曾经通过对模仿性自杀行为进行长期的跟踪研究发现,在自杀事件出现之后,经媒体报道的前72小时之内,会出现较高的模仿性自杀数量,并在经过两周或者更长的时间之后,数量逐渐保持稳定。而如果经过媒体的反复报道,便极易出现各种较为明显的模仿性自杀行为。尤其当自杀事件的主角和普通受众之间具有一定的共性的时候,更容易给普通大众造成很多不良的心理暗示,导致各种模仿性自杀行为的大量出现。现如今,在青少年自杀事件发生之后,媒体在对自杀事件进行报道的同时,大多会将其发生原因描述为学习压力大、受到家长和老师的批评教育等。而经过这些报道的描述,一些同样在学习方面存在问题的青少年,便很容易会产生相同或者相似的心理,导致"模仿性"自杀的出现。且青少年大多心理素质不过硬,极易受到外界诸多不良因素的影响,易导致各种不良情绪的出现,甚至同样走上自杀的道路。

(四)构建完善的自杀事件危机干预机制

为了做好自杀事件的事后危机干预,学校要积极地构建起完善的危机干预机制,以保证快速应对和有效干预。

1.建立学生心理问题应急处理机制。对全校性突发事件而产生的学生心理问题,由学生心理咨询中心进行综合评估,作出初步判断,提出处理办法,经主管校领导批准后下发各部门执行。学生工作组、班主任和辅导员统一进行评估,作出初步判断,提出处理办法加以解决,并且将评估、判断和处理情况上报学生心理咨询中心,再由学生心理咨询中心对结果进行评估并上报校主管领导。在因突发事件而产生的学生心理问题比较突出的情况下,上下结合,集中力量解决。

2.成立危机应对小组。当危机发生时,学校成立危机应对小组。危机小组由主管学生工作的党委副书记或副校长任组长,成员由学生工作部、校医院、学生心理咨询中心、教务部、宣传部、保卫部、各院系组成。若危机事件发生,立即召开会议并公布危机应对小组工作电话以及心理危机干预值班电话。在危机干预小组会议之前,事件处理小组应先与家属取得联系,向家属澄清事件发生的整个过程和环境;了解家庭如何理解该事件(事故、伤病或者自杀);了解家属对于善后处理的希望;并告知家属学校处理该事件的大致过程。

危机小组成员应对各项工作细致分工,其中校领导负责沟通协调学校与上级领导部门、学生家长接待以及协调校内各部门。学生工作部门负责学生心理危机干预的具体协调、危机需求调查、相关人员培训组织、对危机事件进行事后追踪和处理。校医院负责危机造成身体伤害的抢救及治疗,开展个别咨询和团体咨询,组织并进行心理危机干预与现场心理救助。心理系负责提供专业人员，对危机干预过程进行督导，提出专业的意见和建议。教务部负责危机时期的教学调整，以及休退学手续的办理工作。宣传部门负责媒体采访、对外口径以及利用校园网络等宣传媒体进行积极宣传导向。保卫部门负责危机预防及干预的安全保卫，相关学生的监护、转介过程中的安全、勘察和保护现场等。各相关院系负责学生心理危机信息的收集并及时上报，做好学生的心理危机预防和监控以及危机发生后学生的监护工作，做好危机干预中与家长沟通的工作。

3. 注重对专业化危机干预队伍的培养。是否具有一支专业、高效的心理危机干预队伍，是提升高校危机干预能力的关键所在。要为学校的专职心理教师、院系的学生工作者、班级心理委员、学生骨干等建立详细的危机干预预案，建立理论严谨、实操性强的危机干预培训和督导体系。

除了上述内容之外，为有效处理学生危机问题，以心理危机理论为基础，由学生心理咨询中心组织，每周固定时间对参与学生心理危机干预工作的成员进行危机干预方面的业务培训和督导，提高他们对心理问题的鉴别能力和对心理危机的干预能力。

（五）具体的干预方法的选择

1. 心理治疗。大量的研究显示，各种突发的创伤性事件会对个体造成较大甚至是终生性的创伤，导致长期的恶性心理影响。所以，在经历各种创伤性事件，例如本书研究的自杀事件之后，不论对自杀未遂者，还是目击者以及参与事件救援和处理的人员来说，都极易受到不同程度的心理影响，甚至出现心理创伤，导致长期的恶劣影响。加上青少年群体的特殊性，极易受到各种突发恶性事件的较大影响，产生较大的心理波动，严重影响到学生的健康成长。因此，学校要注意做好对自杀事件的事后心理干预。在开展心理治疗的时候，学校要注意积极地向卫生医疗机构寻求帮助，提高干预的科学化水平。并注意结合不同个体的实际情况，深入了解不同个体的实际心理状态，积极地实行补救性的自杀事件事后心理危机干预。例如，学校可以在自杀事件发生之后，及时地组织全体学生参与心理干预活动，对学生进行集体性的心理干预。并以班级为单位，逐个排查学生的心理状态实际情况，对存在严重心理问题的学生予以针对性的个体化心理干预。

2. 药物治疗。除了心理干预，对很多目击者和事件处理相关人员来说，还需要依靠药物的力量来提高干预效果。很多相关人员在经历自杀事件之后，都极易出现抑郁和焦虑等情况，且经过单纯的休息和心理干预等无法获得较好的效果。此时，便需要积极地按照不同个体的实际情况和表现等，合理地选择各种抗焦虑剂和抗抑郁剂以及锂盐等进行治疗。但是，在使用药物进行干预的过程中，要注意在医生的指导下科学用药。例如，对于因经历自杀事件而出现抑郁的个体，药物治疗是一个不错的选择。据统计，有大约90%的抑郁症患者在经抗抑郁药物治疗之后效果显著。抗抑郁药成功治疗后，继续保持健康状态达一年半以上的比例为70%~80%。上海市在对自杀干预进行调查研究之后发现，在最新发生的各种自杀未遂人员在被立即送往医院接受治疗之后，医院会对自杀未遂者进行全面的评估，并根据不同个体的实际情况，制订出详细的干预措施，并利用心理干预联合药物治疗等综合性的方式，较为成功地帮助这些自杀未遂者调整好了心身状态。最终的研究结果显示，在接受治疗3个月后进行随访，所有接受治疗的人员均未出现再次自杀的现象，治疗和干预获得了令人满意的效果。

即提示，学校在进行自杀事件的事后危机干预的时候，也可以积极采用心理干预联合药物治疗的方式。因此，学校要注意和当地的卫生管理部门以及医院等紧密合作，并在事件发生之后，在当地医院和卫生相关部门的指导下，积极开展药物干预，并为学生建立健康档案，全面掌握学生的综合健康水平，从而更好地提高干预效果。

3. 其他治疗方式。学校也可以利用网络开展在线心理咨询与危机干预工作。在线心理咨询因其方便、快捷、匿名性以及充分的共享性而深受学生的欢迎。学校要在自杀事件发生之后，及时开展在线咨询服务，在线答疑，解决学生的各类问题。此外，由于网络被广泛运用，很多学生在出现危险倾向时，也会在网络上透露出前兆信息。因此，要以积极建立学生的社会支持系统为目标，通过和此类同学加为QQ、人人网、微博或微信好友，关注其在BBS上的发帖等方式，即时、动态地了解这些学生的情况，一旦发现异常，及时给予支持和干预。

（六）针对不同群体实施针对性危机干预

1. 对自杀未遂者的危机干预

每年的9月10日是"世界预防自杀日"，有数据显示，全世界每40秒就有1人自杀身亡。在中国，每两分钟就有1人自杀身亡，8人自杀未遂。若无有效干预，1/4的自杀未遂者会重复自杀。而且，研究显示，自杀未遂者在72小时之内，还处于自杀危机的持续时间，他们自杀的念头还很坚决。所以，在这72小时之内，他们的身边必须有人陪伴。过了这最危险的72个小时，他们的痛苦就会慢慢减退，就会重新看待那道"过不去的坎"，找到其他解决问题的办法。

按照具体原因进行划分，自杀可以分为多种类型。例如，一些青少年是因成绩较差、学习压力过大而产生轻生的念头的。而另外一些青少年则有可能是因为性格问题，与别的同学产生矛盾冲突等，一时冲动，导致走上自杀这条路的。由这些原因导致的自杀未遂，一些当事人可以在经过短期的心理和药物等干预之后便获得较好的，且较为持久的效果。但是，还有一些青少年是因为各种精神病性症状而导致产生自杀行为的，这些精神症状在短期大多无法获得较大的改善，因此，这些青少年仍然会在各种精神性疾病的影响下，再次出现自杀的倾向等。所以，如果经过短时间的治疗，一些自杀未遂的青少年出现了一定的精神好转等，也并不能表示其已经痊愈。医生、学校和家长都要注意提高警惕，给予其有效的干预，防患于未然。因此，在自杀事件发生之后，对于自杀未遂者，一定要注意做好危机干预工作。首先，在第一时间内将自杀未遂的青少年送往医院接受急诊检查和治疗。待青少年的身体状况保持稳定之后，将其转入心理科接受进一步的心理治疗。如果学生的身体状况较好，也可以在接受临床常规检查之后，直接将其送往临床心理科接受治疗。如果经检查发现这些青少年自杀未遂者患有各种精神疾病，曾经服用或者正在服用各种精神科药物，则需要积极向医院精神科寻求支持，并转介临床心理科，实施心理干预和药物治疗相结合的方式。

对自杀未遂者进行临床治疗和干预的过程中要注意，不能在对其进行常规的辅导和劝告以及治疗之后，便轻易地让其出院回家或者是回校，而要注意实施"陪同计划"。自杀未遂者的干预是一项长期的工作，因此要对其进行三个月以上的跟踪治疗和干预。

另外，学校还要注意做好对自杀未遂者家人的培训工作。要指导学生的家长积极配合学校和医院的治疗和干预工作，共同对青少年进行干预。并组织学生家长参加"自杀危机家庭干预"方面的训练，帮助家长掌握必要的家庭干预的方法和技巧。在学生出院返家之后，便可以在家人的帮助下，较为平稳地度过危险期。在实行家庭干预的过程中，学生家长要注意和学校以及医院保持联系，并及时向学校和医院汇报学生的动态变化情况。医院和学校也要及时地针对家属反馈的信息进行分析研究，并对学生的情况进行评估，适当指导家属的干预行为。一旦在家庭干预过程中出现学生情绪反复等情况，家属要及时地向学校和医院寻求帮助，并第一时间将学生送往医院接受专业检查和治理干预等。

在具体的干预过程中，学校可以积极地结合实际情况，采取多种干预方式，以提高干预的有效性。例如，学校可以向医院寻求帮助，在医院的指导下，成立心理危机干预中心和"自杀未遂者跟随心理团队"，建立起一整套危机干预的救助系统。由于自杀行为是心理危机的极端表现，通过合适的心理健康服务，可以早期发现并及时化解。采取"现场解救，跟进心理服务"的方法，有些对象还需要纳入高危群体建立相应干预小组，由小组成员负责对自杀未遂者予以全方位的干预。

具体来看，学校可以采用以下的干预模式。在自杀事件发生之后，第一时间将自杀未遂者送到医院接受救治。然后，指派学校的"心理后援团"尽快赶到医院，联合医务人员一起，对其进行专业的危机干预，及时有效地排解诱发此次自杀的突发事件带来的危害。经过初次危机干预后，该心理干预团队将对病人进行系统性评估，以便进行针对性的全程心理咨询干预。待自杀未遂者出院后，心理干预团队将与自杀未遂对象保持长期联系，根据其意愿进行每月 1~2 次的电话随访，定期给予指导、疏通。

另外，干预过程中，要注意干预规范对于再次自杀未遂的人群，必须要求其接受强化心理干预。从而帮助自杀未遂者尽快调整好心态，彻底消除轻生的念头，积极乐观地面对生活。对于自杀未遂重返校园者，教师要提前做好对全体学生的指导，引导广大学生以合理的态度来对待自杀未遂后回归校园生活的学生。例如，在该生回到班级之后，教师要引导其他学生自然地与其进行接触，并避免提及与之前自杀有关的任何话题。更要严禁其他同学寻问自杀未遂的同学有关自杀的各种问题，以免导致其产生过激的反应等。

学校还要积极联合医院做好对自杀未遂者的事后干预工作，在事件发生之后，及时地将自杀学生送往医院。然后，由医院急诊科负责对自杀未遂的学生进行有效的抢救。在抢救成功，学生脱离生命危险之后，学校要注意联合医院的心理医生，对学生进行有效的事后危机干预，并对学生进行长期的跟踪随访。如果实际条件允许，学校可以和医院一起，对自杀未遂的学生实行全天候的"一对一"跟踪治疗和干预。一旦发现自杀未遂的学生出现任何再次自杀的倾向，医生和教师要注意马上予以跟进，并及时进行有效的危机干预。

2. 对教师的危机干预

在自杀事件发生之后，教师团体需要承受较大的外界和心理等多方面的压力，因此要注意积极采取措施，有效减轻教师们的心理压力。

首先，学校要组织教师进行集体性的引导，由校长负责，对整个事件的来龙去脉予以客观、详细、公正的通报，使广大教师了解事件的整个过程和相关细节问题。引导教师不要产生各种不必要的心理压力或疑惑等。并鼓励全体教师齐心协力，共同帮助学校处理好突发事件，将不良影响降低至最低水平，以维持学校正常的教学和科研工作。

其次，对教师进行一定的心理辅导方面的培训。就目前的实际情况来看，很多学校都没有专门的负责对学生进行心理辅导的教师，大多采取的还是其他教师兼任的方式。例如，很多学校都是由辅导员来兼任心理辅导员的。但是，在青少年自杀事件发生之后，学生急需专业的心理干预。因此，学校要注意做好对教师的培训工作，邀请卫生机构和心理学专家等来校对教师进行培训和指导，帮助教师掌握一定的心理干预的理论知识和实际辅导技巧。因此，考虑到学生心理问题的重要性和自杀事件事后危机干预的必要性，学校要注意做好对教师的干预工作。学校可以邀请专家来校开展讲座，从生物学、神经生物学、应激压力等多个角度分析学生自杀的原因，预测自杀的高敏感因子，并结合自己所接触过的心理咨询案例，传授给大家一些学生自杀干预的策略。经过培训，辅导员拓展了心理辅导知识，为进一步做好学生心理健康工作、做好班级工作打下了良好基础。从而在调整教师自身心理状态的同时，提高其安抚学生及家长的工作能力。

全体教师，尤其是辅导员要充分认识到问题的严重性和重要性，并全面掌握本级内部学生及家长们的情绪和心理变化情况等。尤其要注意做好对目击自杀事件，或者与自杀者关系密切的学生的关注和引导，并积极开展生命教育活动。

学校可以在自杀事件发生之后，在全校范围内开展生命教育。把生命教育和学校的各门课程联系在一起，通过多种形式和方法，引导学生热爱生命、发现生命的美好、珍惜生命。其次，采取课内课外相结合的方式，加强理想价值观教育。学校可以通过开设"心理卫生与咨询""生活中的心理学""爱的心理学""电影与压力管理""社会心理学""学生心理素质拓展""自杀学与危机干预"等课程，指导学生了解心理危机状态，掌握基本的心理调节方法，如何应对危机状态。在这些课程和教育活动中，加强了心理危机教育的内容，并同思想政治教育充分结合，把信念、理想和价值观教育放在核心位置。另外，加大对学校教师的培养力度，提高教师的危机干预综合能力。

3. 对学生的危机干预

上文通过分析我们了解到，青少年的学习压力较大，且心理素质不过硬，极易受到外界因素的影响。因此，一旦在自己的身边出现自杀事件，便极易导致各种不良情绪的出现，甚至同样走上自杀的道路。当一个年轻生命陨落后，学校、医生首先要想到对那些看来健康的孩子们进行心理干预，因为一旦这种"病毒"蔓延，将难以制止。校园自杀事件发生后，不仅要悲痛生命的离开，学校、医生、家人更应重视那些受到"传染"的孩子们。自杀的念头，很可能在他们脑海中滋生发芽。因此，在自杀事件发生之后，学校一定要注意做好对学生的危机干预，避免自杀事件的再次发生。学生自杀死亡有聚集性特征，可能会集体发生。因此，当某死亡事件（事故死亡或自杀）发生时，应立即采取适当的危机干预措施防止集体自杀。应强调与大众媒体建立合作关系的重要性。否则，自杀聚集会在媒体上产生不良影响，千万不要用"不成功、便成仁"这类用字"美化"自杀事件。

首先，对学生进行集体干预。学校要注意加强对学生的危机干预，引导学生热爱生命，保持积极乐观的生活态度。学校可以邀请社会上的心理学专家来校为学生开展讲座，引导大家认识生命的美好，坦然面对人生的挫折和打击。学校还可以多方搜集材料，编制印刷一些学习材料发放给学生们，以不断提高广大青少年对于自杀事件的认识水平，帮助大家养成强大的控制能力。

引导学生认识到学习和生活中挫折、打击、磨难等是客观存在的，属于正常现象。因此，在面对各种打击和心情低落情况的时候，要学会面对，并采取合理的方式进行宣泄。例如，可以向家长和老师寻求帮助，以得到大家的开导。另外，也可以按照自己的实际喜好，选择通过跑步和打球等体育运动的方式来发泄。

其次，实施针对性的干预。对于自杀者的同班同学和同寝室学生等，要划入重点干预对象的范围之中，予以高度重视，在集体干预之余，进行针对性的干预。尤其对那些出现心理或行为异常的学生和高危人员等，要指派专门的教师和心理指导师等对其进行全程跟踪式的干预服务。例如，一些学生和自杀事件的主角是生活在同一个寝室的室友，眼见和自己朝夕相处的同学自杀，这些学生很容易受到较大的心理创伤，短时间之内很难平复心情。并极易在突发事件的影响之下，产生严重的心理负担。这些学生是出现精神分裂和抑郁等的高危人群，极有可能出现自伤和他伤行为。因此，对这些学生，一定要注意予以有效的心理干预。干预过程中，要注意密切关注学生的变化情况，必要的情况下，可以实施医疗转介，以及内部支持，修复危机"后遗症"。

另外，学校还可以积极地以各种现代化的科学技术手段为依托，采用心理测量和心理危机评估等方式，动态监测自杀事件事后学生危机干预的效果。从而及时掌握自杀事件发生之后，学校危机干预的效果。并及时发现危机干预工作的不足之处，予以积极地完善。

除此之外，还要注意做好排查工作，定期通报学生心理中心报告排查结果。排查实行零报告制度。在日常工作以及排查工作过程中，如果发现学生存在严重心理异常现象或因为突发事件而产生的严重心理问题，要求立即上报给相关部门，如迟报、漏报、瞒报，将视后果严重程度逐级追究责任。通过网络信息化平台的危机排查制度，形成发现高危个案、有效关注和管理危机事件的防御系统。

最后，各地的教育主管部门也要积极指导学校做好自杀事件事后的危机干预工作。将个人感情受挫后出现心理或行为异常的学生，以及存在严重的身体疾病、个人受到较大的身心创伤，且给家庭造成较为沉重的负担的学生列入自杀高度危险人群之中，并对这些学生予以特别的关注。

（七）做好长期的后续干预工作

危机干预不是一朝一夕就可以完成的，因此，学校要注意采用多样化的干预形式，做好长期的后续危机干预工作。

1. 掌握影响学生危机发生的关键性因素。动态性地搜集有关学生原生家庭关系状况、不良家庭因素、依恋关系类型、早期心理创伤、信仰价值观、社会支持水平、成就事件与自身资源等相关情况，以此为基础形成学生危机识别与预警的重要标准。

2. 在预防性的危机干预中加强理想信念和价值观的教育。在心理健康教育中，纠正当前青少年把自杀当作是应对生活压力可行性方案的观念，促进青少年对生命信仰和积极生命态度进行深刻的反省。

3. 建立学生心理健康和危机干预电子档案。从新生开始，通过危机干预信息化系统，每年进行心理健康测查，建立学生心理档案，根据危机的"树理论"，了解学生的原生家庭状况、依恋关系类型、信仰价值观情况、社会支持水平、成就事件与自身资源等，掌握可能产生心理危机的学生情况，为心理问题预警与应急提供必要的依据。测量中重点关注有潜在自杀倾向、有严重心理、生理疾病和遭遇重大生活事件的学生。对有严重心理疾病或处于危机状态中的学生进行动态追踪，将其危机情况和心理问题处理情况进行详细记录，并且不断更新。

4. 在危机干预中关注成就事件和积极资源。积极心理学的迅猛发展给学生工作者带来了新的视角，对于可能出现心理危机的个体，以往更多是从问题取向的角度出发，只看到了缺陷和不足。在今后的危机干预工作中，可以尝试转换一下思路，从资源取向的角度出发，发掘青少年过去的成就事件和积极品质，关注青少年目前所拥有的心理和社会支持资源。

5. 建立学生心理问题监测和排查制度。建立起完善的心理危机监控网络，该网络由学生工作干部、辅导员、心理专项助理、学生骨干及寝室长组成，为保证网络设置的健全以及信息传达的有效畅通，学校应充分发挥学生自助系统的作用，洞察学生心理健康状况水平。专项助理与各班级学生骨干、寝室长配合，深入学生宿舍，了解学生的学习、生活、思想及心理状况。在发现或得知学生有异常心理或行为表现时，立即与当事人及其辅导员老师、任课老师以及寝室、班级同学取得联系，了解相关情况。一旦有异常情况发生，专项助理为有需要心理帮助的同学提供心理、社会支持，并向当事人介绍获得心理健康知识和专业辅导的渠道、联系他们的亲朋好友给予关怀和帮助、推荐或陪伴去学校心理咨询中心接受心理咨询。

6. 完善学生的社会支持系统。一方面，通过家长教育、教师培训、朋辈关怀、团体辅导和个体咨询等多种方式完善危机学生的社会支持系统；另一方面，帮助青少年学会主动寻求和把握来自学校、家庭和社会的各种社会支持。

生命诚可贵。虽然精神的天空偶尔灰暗，脆弱的心难免不堪重负。现如今，自杀已经成为我国经济与社会发展中一个极其重要的社会问题，成为当前我国青少年健康成长的头号杀手。为了尽可能地减少自杀事件造成的恶劣影响，当自杀事件发生之后，应对受害者和其他人（同学、家人、朋友、亲戚等）提供心理和社会的支持。总而言之，青少年自杀严重危害到青少年和整个社会的稳定，做好对其的干预至关重要。而想要实现有效的自杀事件事后干预更是一项十分复杂的社会性系统工程，并需要包括学校和家长，以及卫生机构和教育主管部门等多方面的力量共同合作、齐心协力、共筑干预防线。

第四章

伤害,就在你我眼前
——常见心理障碍与疾病

第一节 抑郁症

案例

卢某，女，20岁，本科在读，性格内向。近1个月来卢某感觉情绪低落，"心里就像是有块大石头一样"，什么事情都无法使她高兴起来，以往喜欢跳舞现在根本没有兴趣，听到吵闹声就心烦，不愿与人交流。夜间睡眠差，一点小声音就会惊醒，多梦，早上三四点就会醒，醒了就再也睡不着。白天精神差，什么都不想做。感觉"脑子转得很慢"、记忆力减退，上课时根本无法集中注意力，听不进老师在讲什么。近1周常常觉得自己拖累了家庭，给父母造成了很严重的负担，活着没什么价值，"什么用都没有，还不如死了算了"。2天前在寝室把自己的杂志、书本、日常用品送给室友，并于当晚在学校教学楼厕所割腕自杀，幸被他人及时发现送至医院抢救成功。在卢某身上找到的遗书上写着"我对不起父母和老师，我根本没有前途，活着都是在拖累你们"。

诊断：抑郁症。

这位同学的诊断是抑郁症，那么什么是抑郁症呢？"心情不好"等于抑郁症吗？

其实，每个人都有心情不好的时候，心灰意冷、沮丧颓唐的消极情绪普遍存在于现实生活，一般情况下的心情不好、沮丧是一种消沉的情绪。通常在以下几种情景中易产生消沉情绪：一种是梦寐以求的渴望脱离实际，对自己的能力估计过高，同时也看不到现实生活的复杂性，由于力不从心而使渴望变成失望时,消沉心理就油然而生;一种是意志薄弱,经不起风浪,遇到挫折就灰心失望、失意懊丧,似乎命运总跟自己作对,处处不顺心、事事不如意,于是就显得精神萎靡;再有一种就是受错误人生观、价值观的影响,认为人生不过如此,理想、前途都是无稽之谈,于是便看破红尘,把信念、抱负抛在一边,整天浑浑噩噩,消极混世,显得异常颓废。

消沉的悲观色彩愈重,情绪愈加持久时,即成为一种抑郁状态。抑郁状态的严重程度越大,对个人生活的影响越大,进而表现为临床上的抑郁症。

抑郁症可表现为每天大部分时间均处于情绪低落、兴趣缺失、自主活动减少,有无助感、无望感、无价值感以及自责、自罪、自杀观念及行为,也可表现为各种躯体不适症状。抑郁症如今非常常见,全世界范围内,有三亿四千万抑郁症患者。它对人的劳动能力具有非常严重的损害,严重地影响着人们的工作绩效、人际交往以及日常生活,更有约10%~15%的抑郁症患者最终自杀死亡。有专家甚至声称,我们正处于一个"抑郁的时代"。

但如今仍有很多人对抑郁症了解甚微,有些家长当被告知孩子患了"抑郁症"时,反映出非常大的抗拒情绪,"我的小孩怎么会得抑郁症,他就是心理压力大了,根本没那么严重"。所以使更多的人了解抑郁症非常重要。

一、抑郁症的表现

1. 情绪低落、兴趣减退

表现为终日忧心忡忡、郁郁寡欢、愁眉苦脸、长吁短叹。程度较轻的人感到闷闷不乐、做什么都没有愉快的感觉，对周围的事情缺乏兴趣，任何事情都提不起劲儿，感到"心里觉得压抑""像是有块石头压着一样""高兴不起来"。家长及学校老师、同学均可看到这部分同学整日眉头紧锁，对学校活动、班级活动提不起兴趣，课间别人嬉笑玩耍时，这部分同学往往独自一人，对别人的玩笑缺乏反应。程度较重的人可体会到悲观绝望，有度日如年之感，常诉说"觉得活着没什么意思""心里太难受，还不如死了的好"，这部分人体会不到生活的乐趣，反而觉得生活很没有意思。

2. 思维、动作迟缓

这部分同学感觉自己的"脑子转得很慢""很像是一锅黏糊糊的粥"，感觉思考问题的能力有明显下降，精力"也没有以前旺盛了"，觉得每天很疲惫。家长和学校老师、同学可观察到这部分同学变得很少主动说话，说话的语速也明显变慢，声音很低，对问话反应迟钝，有些问题甚至需要反复询问才可简单回答。不愿意主动与他人接触，常独坐一旁，回避与人社交，不愿参加平时喜欢的活动和业余爱好。严重时连吃、喝、个人卫生都不顾，甚至可以变成不语、不动、不食。

3. 自我评价过低

这部分青少年觉得自己一切都不如别人，并将所有的过错都归咎于自己，常产生无用感、无价值感、无希望感。觉得自己没有能力、没有作为。觉得自己连累了家人和社会，有深深的内疚感。常回想以前，觉得自己一事无成，并对过去一些并不那么重要的行为产生严重的罪恶感；分析自己的现状，觉得自己什么优点都没有，自己什么都没有别人好；想到未来时觉得自己前途一片渺茫，预见到了自己的学业一事无成、自己的恋情没有未来、自己的工作注定失败、自己的健康注定要逐渐恶化。常感觉孤立无援，强烈的无助感。

4. 睡眠和食欲的变化

抑郁症的睡眠障碍主要表现为早醒，一般比平时早醒2~3小时，醒后没办法再次入睡。有的表现为入睡困难，躺下后脑海中控制不住想白天发生的事情，翻来覆去就是没办法进入睡眠；有的表现为梦多，早上起来后觉得异常疲惫，感觉"一个晚上都在做梦""根本就不能睡好"；还有少数人表现为睡眠过多，感觉睡不醒一样。

抑郁症患者可表现为食欲明显减退，看到食物没有胃口，或者吃一点就会有饱胀感。有明显的体重减轻。也有少部分人表现为食欲的增加、体重的增加。

5. 其他症状

另外抑郁症还可以表现为躯体不适增多，如身体任何部位的疼痛、心慌、胸闷、恶心感等，但所有医学检查均未发现明显异常。

这些表现若至少已持续2周，且2周中每天的大部分时间均有这些表现，则可诊断为抑郁症。

二、易诱发抑郁症的危险因素

（一）个人因素

1. 遗传因素

抑郁状态有家族聚集现象，患者的双亲、同胞中出现抑郁症的人数明显高于普通人群，而且血缘关系越近发病的一致性越高。父母兄弟子女发病的一致性为12%~24%，堂兄弟姐妹为2.5%。双生子研究显示，同卵双生子抑郁症的发病一致率为69%~95%，而异卵双生子为12%~38%。

2. 性别

女性比男性更容易处于抑郁状态中，也比男性更容易采取自杀行为。这可能与性激素的不同、男女心理社会应激以及应对应激的行为模式不同有关。女性表现得更为情绪化，对情感支持的需求更大，也更容易采取极端方式来寻求出路。

3. 年龄

抑郁状态可以发生在所有年龄阶段的人群中。新近资料显示，20岁以下人口中，重度抑郁的发病率有所上升，这可能与该年龄组酒精和物质滥用的增加有关。

4. 躯体疾病

青少年阶段若自身存在慢性疾病，如慢性皮肤病、慢性肾病等，抑郁症的患病风险明显升高。这可能与疾病造成的自卑感、内疚感以及经济紧张有关。罹患某种疾病的青少年更多地认识到自己与同龄人的不同，内心会对这种差异无限放大，从而出现悲观看待自己的人际交往、学业前途等。另外需要特别指出的是，青少年若同时存在其他精神疾病，如精神分裂症后出现的情绪低落、活动减少等，一定要与单纯的抑郁症相鉴别，治疗方案也会有很大差别。

5. 个性特征

过度敏感、易于紧张、悲观、恐惧的个性，以及内向不稳定个性的人情绪受负性刺激的影响越大。由于个性特征的不同，青少年看待生活中负性生活事件的态度不同，所采取的处理方式也会不同，受到的影响自然就有所差别。

6. 认知水平

一个人是否处于抑郁状态，并不取决于生活中不愉快事件本身，而是取决于个人对这些事情的认知和评价，也就是认知水平。"我不讨人喜欢""我无能""我没有价值"等往往是处于抑郁状态的人对自己深层的歪曲认知。这些将导致患者对自我产生消极认知、对自己经验的消极解释，并以消极的态度看待自己的未来。

7. 负性生活事件

此为最为突出的危险因素。负性生活事件的出现，除事件本身外，个人对社会应激事件危害程度的判断和应对方式都会影响本人的情绪，对其判断的危害程度越大，应对方式越缺乏，造成的情绪低落就越明显。如若人际交往中出现负面、复杂的情况，尤其出现损害性的人际关系，个人解决这种关系的能力越差，越易出现不良情绪。常见的负性生活事件有：失恋、严重躯体疾病、家庭成员的突然病故、与老师产生紧张的关系等。

（二）社会因素

1. 社会阶层

以往调查显示，低社会阶层者更容易处于抑郁状态，郊区比城镇更多见，但另外一些报道未支持这一说法。

2. 经济状况

经济状况差的人更易于处于抑郁状态，对于这种说法也是众说纷纭，但是低收入、失业、贫困等确实更容易让人产生消极情绪。对青少年而言，家庭经济状况较差时，基本的吃、穿、住、医疗等均不能得到很好的满足，青少年成长过程中体会到的来自经济的压力较大，更容易出现自卑感和绝望感。成长过程中遇到现实问题时可寻求帮助的途径相对较少，更容易体会到挫败感。而且经济状况较差的家庭中，父母更可能把希望寄托在子女身上，在这种环境中成长的青少年面临的家庭期望带来的压力更大，当现实无法达到这种要求时，则容易选取极端方式解决问题。另外，经济状况较差可能会导致父母对子女拒绝行为的增加，忙于生计时对子女的关心和交流较少，青少年得到的来自家庭的支持较少。另外，家庭遭受变故导致经济状况突然变差时，无论是突然变故作为一项负性生活事件，还是生活环境的落差造成的心理落差，均会增加青少年抑郁症的患病风险。

近年来的研究发现，经济条件过好也是诱发抑郁症的危险因素之一。对青少年而言，生活富裕的家庭，父母大多为有成就的私营业主或者单位的骨干，相应的陪伴孩子的时间较少，对孩子的学业要求也较高，与子女更容易产生情感隔阂，对青少年成长不能起到及时的引导作用。另外，青少年在较高的经济状况中基本生活需要都可以很容易地得到满足，而青少年尚缺乏更高层次的追求，所以会体会到空虚、失落，甚至会有"活着没什么意思"的想法而发生自杀行为。

3. 职业

常见职业中，护工和保姆、餐饮服务员、社会工作者、医护人员、艺术家及作家、教师、行政助理人员、财务人员等均更容易处于抑郁状态中。

4. 自然环境

季节的变化、光照、空气温度、湿度等会影响低落情绪的产生和发展。巨大的自然变化，如疾病的流行、地震等自然灾害出现时，抑郁症的发病率也会上升。

(三) 家庭因素

1. 父母的婚姻状态

既往的多项研究表明，父母婚姻状态会影响子女抑郁症的患病率，单亲家庭、再婚家庭成长起来的青少年抑郁症的患病风险明显升高。特殊家庭成长起来的青少年从小缺乏温暖的成长环境，在面临成长过程中其他现实问题需要父母帮助时往往得不到很好的家庭支持。另外，父母婚姻问题的出现会影响青少年对家庭的信任感。在面临成长过程中其他的生活事件时更容易造成情绪较大的波动，加上对父母处理问题时所表现出来的不成熟方式的效仿，更容易选择极端的处理方式。此外，单亲家庭使孩子的家庭支持系统相对薄弱，再婚家庭中小孩对新家庭成员的接纳和自身的再融入存在困难，而父母自身婚姻存在问题使得对小孩的关注相对减少。所以无论哪种情况，孩子遇到问题时所得到的家庭支持较少，而青少年的个人能力还不足以解决各种问题，所以抑郁症的患病风险升高。

也有学者提出"代际病态"的概念来解释家庭关系不佳对青少年情绪的影响，认为父母之间的冲突会使孩子被动地卷入纠纷之中，父母甚至会将子女拉做同盟去攻击另一方，因而孩子会出现极大痛苦的情绪，同时孩子会面临无法解决现实问题的无力感；再者，婚姻生活出现问题时父母本身容易产生焦虑、愤怒等情绪，这种不良情绪会影响父母和孩子之间的沟通，进而产生情感隔阂，这种隔阂长期存在时，会使青少年失去家庭支持的安全感，进而出现绝望情绪。另外紧张的家庭关系会营造出压抑和令人窒息的家庭氛围，青少年处于心理状态不稳定的时期，更容易在这种环境中出现情绪调节障碍。

三、抑郁症与自杀

在门诊和住院部接触到的一些抑郁症青少年的父母："什么都是给他最好的，怎么还抑郁了？""我的孩子他不会去自杀的，医生你说得太严重了。"

真的是医生在危言耸听还是家长们对抑郁症的了解太少了？抑郁症患者中约15%最终死于自杀。严重的抑郁症患者常常伴有消极自杀的想法或者行为，患者常体会到无助感、无望感、无价值感。严重的自责自罪及绝望感会让患者产生"我的未来没什么希望了""死亡是一种解脱""自己活着也是拖累别人"的想法，而采取自杀行为。同时，以躯体不适为主要表现的抑郁症患者长期受症状影响，社会功能严重受损，因不能承受这种痛苦而出现自杀想法和行为。

抑郁症是一种共病率较高的疾病，大部分患者合并躯体疾病或焦虑，这类患者自杀风险明显增高。

对青少年来说，罹患抑郁症后，抑郁症状可能造成其无法参加正常的学校学习生活，或者承受在学校集体生活中精神疾病带来的巨大的心理压力，包括症状的影响和服用抗精神病药物带来的影响，这些均可导致自杀行为的发生。再加上青少年本就处于身心健康发展及塑造的最关键时期，很多青少年在这个时期遇到挫折和压力时找不到合适的途径解决问题，其自杀的风险较高。大规模的流行病学调查结果显示自杀已经成为15～34岁年龄段死亡的第一位原因。

值得注意的是，有的自杀行为在抑郁症状改善后发生或在自杀之前抑郁症状突然改善。对这一现象的解释是：抑郁症状改善（但非痊愈）后患者活动自如（抑郁症严重时精神运动迟滞，患者无法行动），自杀行为得以付诸实现。

（一）早期识别和防范

抑郁症家属应该对抑郁症有较为充分的了解，在生活中密切观察患者情绪反应和日常行为，千万不要觉得"他不会自杀的""他只是情绪不好"。一般来说，抑郁症患者因自知力较为完整,在采取自杀行为之前都会有一些自杀前兆,亲友对这些自杀前兆若可做到早期识别,可大大降低患者自杀的发生率和成功率。另外有过自杀未遂行为的人发生再次自杀的可能性更大,所以对这类人更应密切观察,采取必要的药物治疗和心理治疗。

自杀前兆表现有:说一些莫名其妙的话,家属常常觉得不知所云,很多患者会说"你以后不会这么辛苦了""我们慢慢地会生活得很好";抑郁症状毫无理由地消失或者长期焦躁的情绪突然平静下来,有些人甚至开始反过来安慰自己的亲人,表现出"突然看开一切";无端地拒绝医疗救助或者家人的照顾;立遗嘱交代后事;写告别信给至亲好友;清理自己所有的物品;把自己心爱的东西分赠给他人;经常查阅有关死亡的资料,热衷于讨论自杀的方法或特别回避自杀的话题。

对青少年来说,除了家长对其自杀风险的早期识别外,学校老师、学生干部、室友等对抑郁症青少年的自杀风险识别也很重要。学校可开设相关课程,帮助学生学习如何识别周围人有自杀风险,教会学生及时识别,及时报告。对罹患抑郁症的青少年给予心理支持,进行必要的心理疏导,使其更加全面地认识疾病,面对疾病树立信心。另外,学校对特殊家庭(单亲家庭、再婚家庭或遭遇重大变化的家庭)或遭受其他负性生活事件的青少年给予特别关注,提供社会支持。学校可定期开展学生家长的心理健康宣教,帮助家长更全面地理解学生的同时,提高家长对"危险学生"的识别能力。

(二)抑郁症自杀的防治和管理

1. 宣传教育

开展精神卫生宣传和教育,提高人们对精神疾病的认识和加强心理健康素质教育，建立完善的心理咨询和心理保健体系，早发现早防治成为抑郁症与自杀风险评估、防治及降低风险最关键的环节。

2. 专科治疗

①药物治疗　一般药物推荐单一用药治疗，尽可能采用最小有效剂量，以减少药物不良反应和提高服药依从性。在药物的选择上，至少应该考虑年龄、性别、身体状况、是否同时使用其他药物、首发或者是复发、以往用药情况和目前病情、药物不良反应、患者的经济能力等。

②物理治疗　即电休克治疗和重复经颅磁刺激疗法，电休克治疗疗效明确，相对于药物更是没有副作用和依赖性。而且控制症状比较快，特别对严重的抑郁，如表现木僵、拒食、自杀的病人尤为重要。重复经颅磁刺激疗法，相比电休克来说比较温和，可有效缓解焦虑情绪、改善睡眠等。

此外，还有很多物理治疗方案应用于临床中，对消沉及抑郁状态的改善也很有帮助。如目前亦广泛用于临床中的电子生物反馈治疗。生物反馈疗法是利用现代生理科学仪器，通过人体内生理或病理信息的自身反馈，使患者经过特殊训练后，进行有意识的"意念"控制和心理训练，从而消除病理过程、恢复身心健康的新型心理治疗方法。由于此疗法训练目的明确、直观有效、指标精确，且求治者无痛苦感受和明显副作用，深受广大患者欢迎。

③心理治疗　心理治疗在减轻患者症状、预防复发、增加患者依从性、矫正心理病因、重建正常的心理社会和职业功能方面具有肯定的疗效。心理治疗可为患者提供心理支持，帮助病人解决心理社会应激性问题，使其更好地适应生活，逐渐帮助患精神障碍或者心理问题的病人恢复

到病前功能水平，矫正在精神障碍发生前就已经长期存在的思维和行为方式。

常用的心理治疗方法有：支持性心理治疗、精神动力学心理治疗、人际心理治疗、认知治疗、行为治疗等。心理治疗的过程并非是一种方法的单一使用，在心理咨询的实践过程中，通常都是多种方法相辅相成。除了上述经典心理治疗方法外，还有运动疗法、音乐疗法、中医针灸等方法。

心理治疗的效果评估：初期主要临床症状会逐渐减轻，中期使行为表现得到改善，如对家庭成员的态度改善，对工作或学习逐渐感兴趣，对老师长辈表现尊重等。在治疗后期逐步使其人格变得比较成熟，能够比较有效的应用合适的方法去处理和应对挫折和困难。如改变了待人处事的态度、对人生的基本看法，以及对自我的认识和了解等。

3. 校园综合干预

通过建立校园综合干预措施，建立了青少年情绪障碍及自杀行为校园综合防控干预体系。对青少年情绪问题及自杀行为进行早期预警，可有效降低青少年各种情绪障碍和自杀问题的发生率。同时，建立"医校联合心理疾病及自杀防治和干预模式"也是非常重要的一项措施，将学校与医院精神病专科紧密合作是情绪障碍与自杀干预模式一个重要的创新，将校园心理服务与当地精神卫生机构的资源整合起来，以确保需要的学生能够及时获得专业心理治疗、药物治疗和住院治疗，有效减少心理疾病的加重及及时干预自杀行为的发生。

第二节　精神分裂症

案例

一名中年女性由家人陪同走进了精神科的诊室，她的手腕及颈部均有纱布覆盖，表情显得紧张害怕，不停地四处张望，嘴里还低声说着："我都听你们的。"她的家属向我们讲述了整个过程。

一个多月前，这名女性开始出现自言自语，凭空和一个声音对话，说一些生活中的琐事，像是跟人聊天，尚能正常工作，家人未重视。两周前，她逐渐表现出紧张、烦躁，情绪不稳定，容易发脾气，凭空说"我才不听你们的，你们都走开"。工作中也经常自言自语，注意力不能集中，被家人接回家中。上诉症状逐渐加重，患者经常跟家人说有人要害自己和家人，在家时把窗帘都拉上，说有人在监视自己和家人，不让家人大声说话，自己也不愿出门，成天待在家中，把自己关在卧室中，家人送来的食物和水也反复检查，甚至不吃。家人欲带其就医，患者哭闹着不愿就诊，说被别人知道了家人就活不了。一天前，患者突然说"是不是我死了，你们就不害我家里人了，那我死我死"，然后冲进厨房拿刀割伤了自己的手腕及颈部。

询问患者本人，一直沉默不语，问话不答，低着头，双手握拳，十分紧张，在问及是否凭空听到有人说话时，点头承认，继续追问是否是那个声音让她伤害自己，她很紧张地抬头看了看四周，然后轻轻地点了点头。

根据病史及精神检查，这名女性被诊断为精神分裂症，她的自杀行为是由命令性幻听症状直接导致的。经过系统的治疗，这名患者最终症状消失，恢复了社会功能。

一、疾病介绍

精神分裂症是一组病因未明的重性精神病，多在青壮年缓慢或亚急性起病，临床上往往表现为症状各异的综合征，涉及感知觉、思维、情感和行为等多方面的障碍以及精神活动的不协调。患者一般意识清楚，智能基本正常，但部分患者在疾病过程中会出现认知功能的损害，对疾病缺乏自知力，不认为是病态。病程一般迁延，呈反复发作、加重或恶化，部分患者最终出现衰退和精神残疾，但有的患者经过治疗后可保持痊愈或基本痊愈状态。

1. 病因

精神分裂症是由一组症状群所组成的临床综合征。尽管目前对其病因的认识尚很明确，但个体心理的易感素质和外部社会环境的不良因素对疾病的发生发展的作用已被大家所共识。无论是易感素质还是外部不良因素都可能通过内在生物学因素共同作用而导致疾病的发生，不同患者其发病的因素可能以某一方面较为重要。很多证据表明，精神分裂症是一种脑结构与脑功能存在异常改变的疾病，可能与以下病因有关，包括遗传易感性、孕期宫内环境紊乱，以及生长发育期的生物—心理—社会因素等。

2. 临床表现

精神分裂症的临床症状复杂多样，可涉及感知觉、思维、情感、意志行为及认知功能等方面，个体之间症状差异很大，即使同一患者在不同阶段或病期也可能表现出不同症状。

①感知觉障碍　精神分裂症可出现多种感知觉障碍，

最突出的感知觉障碍是幻觉,包括幻听、幻视、幻嗅、幻味及幻触等,而幻听最为常见。

②思维障碍 思维障碍是精神分裂症的核心症状,主要包括思维形式障碍和思维内容障碍。思维形式障碍是以思维联想过程障碍为主要表现的,包括思维联想活动过程(量、速度及形式)、思维联想连贯性及逻辑性等方面的障碍。妄想是最常见、最重要的思维内容障碍。最常出现的妄想有被害妄想、关系妄想、影响妄想、嫉妒妄想、夸大妄想、非血统妄想等。据估计,高达80%的精神分裂症患者存在被害妄想,被害妄想可以表现为不同程度的不安全感,如被监视、被排斥、担心被投药或被谋杀等,在妄想影响下患者会做出防御或攻击性行为。此外,被动体验在部分患者身上也较为突出,对患者的思维、情感及行为产生影响。

③情感障碍 情感淡漠及情感反应不协调是精神分裂症患者最常见的情感症状。此外,不协调性兴奋、易激惹、抑郁及焦虑等情感症状也较常见。

④意志和行为障碍 多数患者的意志减退甚至缺乏,表现为活动减少、离群独处、行为被动、缺乏应有的积极性和主动性、对工作和学习兴趣减退、不关心前途、对将来没有明确打算,某些患者可能有一些计划和打算,但很少执行。

⑤认知功能障碍 在精神分裂症患者中认知缺陷的发生率很高,约85%的患者出现认知功能障碍,如注意障碍、记忆障碍、抽象思维障碍、信息整合障碍等认知缺陷。认知缺陷症状与其他精神病性症状之间存在一定相关性,如思维形式障碍明显患者的认知缺陷症状更明显,阴性症状明显患者的认知缺陷症状更明显,认知缺陷可能与

某些阳性症状的产生有关等。认知缺陷可能发生于精神病性症状明朗化之前（如前驱期），或者随着精神病性症状的出现而急剧下降，或者是随着病程延长而逐步衰退，初步认为慢性精神分裂症患者比首发精神分裂症患者的认知缺陷更明显。

3. 诊断

国外常用的诊断标准包括美国的疾病分类和诊断统计手册DSM-IV-TR、WHO的国际疾病分类手册ICD-10，国内常用的诊断标准为中国精神障碍分类与诊断标准CCMD-3。

4. 治疗原则

抗精神病药物治疗是精神分裂症首选的治疗措施，药物治疗应系统而规范，强调早期、足量、足疗程，注意单一用药原则和个体化用药原则。第一次发病是治疗的关键，这时抗精神病药物的治疗反应最好，所需剂量也少。如能获得及时、正确、有效治疗，患者复原的机会最大，长期预后也最好。

二、疾病症状致自杀的可能

精神分裂症常见症状中有多种症状都可能引起自伤自杀行为。

1. 幻觉

幻觉（hallucination）是指没有相应的客观刺激时所出现的知觉体验。

听幻觉：指在没有周围发声事物存在时患者凭空从耳朵或体内听到一些本来不存在的声音。根据内容的不同，可分为机械性、争论性、评论性、命令性等。其中最危险的应该算是命令性听幻觉。如本节开始案例所述，病人在病态下出现明显而持久的命令性听幻觉,在病人看来是真实的。她丧失了区别非现实及现实的能力,当有一个"真实"的声音让自己做某件事情时通常会听从声音的指示。尤其是当声音的内容与妄想相联系,服从声音可能带来继发性获益,如减轻痛苦、减少伤害等,即使是伤害自己及他人的行为,病人通常也会听从声音的指示,做出伤害自己的行为。其他类型的听幻觉没有直接的指令性言语,但也可能引起自伤自杀行为。首先这些声音是不受病人自己控制的,它们可能出现在任何时间、地点,机械性听幻觉可能是刺耳的切割金属声、汽车鸣笛声、锯东西的声音、蝉鸣声;言语性听幻觉内容多与病人本身有一定关系,甚至是批评、议论、指责、谩骂。这些声音长时间存在会使人处于烦躁、易激惹的状态,当现实生活中出现诱发事件或患者的心情烦躁不能忍受,他们可能采取自伤行为试图减轻痛苦,甚至自杀来摆脱这种痛苦。

视幻觉:指患者凭空看到一些周围人看不到的事物。视幻觉的内容通常丰富多彩,可能与患者现实生活有关,也可能是一些荒谬、非现实的内容。精神分裂症患者的视幻觉单独存在的较少见,常与妄想内容有关。开篇案例中,患者也有凭空看见跟自己对话的人,但是形象不是很清楚,只是一个模糊的影子。但是在一些患者中,他们可能看见死去的亲人,并追随那些幻象,甚至在一些危险的地方,比如楼顶、窗边,他们仍可能跟随视幻觉,由此出现"自杀"行为。看见鬼、神的情况也十分常见。患者清楚地看见神或鬼的形象,并从他们那里得到神的指令或鬼的恐吓,要求他们进行自杀行为。这些形象常常很生动,并合并有听幻觉的存在,患者处于病态中不能辨识,会按照自己看到的幻觉行动。

触幻觉：指没有外界客观事物引起而患者感受到皮肤的异常感觉。触幻觉可能是一些异常的感觉体验，也可能是一些看似"平常"的感觉，但是相关事件及检查不能解释。有些病人会体会到不明原因的电击感，或是总感觉有人在触摸自己的皮肤，或是有很多虫子在皮肤表面爬行。最常见的触幻觉之一是痒感，正常人也可能出现，但在有这种触幻觉的精神分裂症患者中，这种痒感的原因及程度常常难以理解。上述的触幻觉及其他未提及的类型在精神分裂症患者中通常程度更重，加上原因通常难以理解甚至很荒谬，一般的治疗手段不能解决，患者会处于极度的烦躁、痛苦中，可能出现自伤甚至自杀行为来解除这些感觉。曾有一名男性患者，因为皮肤难以忍受的痒感难以消除，家人也完全不能理解其感受，经常责备他，整日抓瘙痒的皮肤，非常难受，最终那名患者在一个清晨趁家属不备从楼上跳下。

嗅、味幻觉：指患者凭空闻到或尝到一些本来不存在的气味或味道。在精神分裂症患者中，可以出现多种形式的嗅、味幻觉。患者可能闻到一些刺鼻的气味，如汽油味、化学试剂的气味、血腥味、焦味，出现在空气或者食物中。患者可能从食物或水中尝到金属味、血腥味、苦味、农药味等异味，从而拒绝进食或饮水。这些幻觉常与被害妄想相联系，患者觉得空气中或者食物饮水中的异味是由于有人想要加害自己，所以拒食行为顽固而难以劝解。患者因为拒食甚至可能与劝说者发生冲突。长期下去会严重影响生命健康，甚至致死。

内脏幻觉：指患者体内出现的一些异常的感觉体验，而相关检查及客观事实不能解释。患者通常对内部脏器有清楚的奇怪感觉，如感到肝脏一块块地往下掉、肚子里有蛇在爬行、脑子里寄生了虫子、心脏空了一个洞等。这些内脏幻觉中最可能出现自杀行为的是虫寄生或者蛇爬行等动物寄生引起的幻觉体验。患者能清晰地感觉到动物在自己体内，因为是幻觉症状，相关检查不能显示有被寄生的动物，更不能有有效的办法可以消除被寄生的动物，患者会尝试各种方法想要清除异物，甚至用锐器切开皮肤、腹腔、头部等试图把寄生的动物取出来。这些自伤行为通常是患者缺乏理性和判断力的情况下做出的，严重性会达到引起死亡的程度。

2. 妄想

妄想是一种不理性、与现实不符且不可能实现但坚信的错误信念。它包括错误的判断与逻辑推理。即使把事实或已经被完全论证的理论摆在妄想者的面前，也很难动摇他的信念，妄想大都出现在精神病状态下。

被害妄想：指患者坚信有人要加害自己而缺乏相应的事实依据。被害妄想是精神分裂症最常见的妄想类型，并且是精神分裂症的核心症状之一。上述案例中，患者有明显的被害妄想，觉得周围有不认识的人想要加害自己，对此感到极度的紧张害怕。这种被害妄想通常合并有被跟踪感、被监控感以及听幻觉等。患者对于这种被迫害的体验的"真实感受"，会让病人产生一些错误的认知，有些人会觉得反正都有人想害我，逃也逃不了，与其如此痛苦，不然先自杀就不用这么痛苦了。这种想法对于正常人很荒谬，但对于精神分裂症患者而言，这是他们觉得摆脱被迫害的唯一方法。因而，有被害妄想的患者有较高的自杀倾向性。

自罪妄想：指患者无明确原因觉得自己有很严重的罪过或过错。自罪妄想在精神分裂症患者中并不常见，其无故对自己的指责、极强的罪恶感通常会引起强烈的消极观念，很多病人最终会选择自杀行为来"赎罪"。患者毫无依据地认为自己犯了严重错误和罪行，以致给国家和他人造成了不可弥补的损失。患者可无中生有地历数自己的罪状，或尽力搜集以前所做的不当的小事，夸大成罪，自认为应受到惩罚，故常拒食、吃剩饭，甚至自杀。例如，有一名患者在食堂吃饭时偶有剩饭，发病后觉得自己浪费了粮食，对不起国家，家人和医生劝解后仍不能消除自己的罪恶感，后来该患者多次割腕试图自杀。

被控制妄想：指坚信自己意志被外部势力或外部意志所取代或控制而不能自主。用于描述被动综合征，以突出的被控制妄想与假性幻觉为主。被控制妄想的病人不能控制自己的想法和行为，病人感到有外力控制、干扰和支配自己的思想、行动及情感，甚至认为有特殊的仪器、电波、电子计算机在操纵或控制自己。病人可能感觉到自己的手脚、头脑等身体的一部分不受自己支配，经常做出一些奇怪的动作或举动，严重时可能出现伤害自己的行为。

3.继发抑郁情绪

精神分裂症的核心症状中不包括抑郁情绪，但是其症状通常使患者长期处于紧张害怕的状态中，患者因为担心被害、有罪恶感等症状，容易继发抑郁情绪，情绪低落、兴趣活动减退、记忆力下降、注意力不能集中、消极悲观，产生自杀观念，甚至自杀行为。有时患者精神病性症状并未完全显现，但患者出现一些抑郁情绪为主的表现，追问原因时通常可引出幻觉、妄想等精神病性症状。这些抑郁情绪并非原发性，为精神病性症状引起，但由于人们对精神疾病的了解缺乏，可能没有引起足够的重视而使病情恶化。

4. 意志活动减退

精神分裂症除了表现出幻觉、妄想、言行紊乱等阳性症状，还有一部分人主要表现为阴性症状，意志活动呈显著持久的抑制。临床表现为：行为缓慢，生活被动、疏懒，不想做事，不愿和周围人接触交往，常独坐一旁，或整日卧床，不想去上班，不愿外出，不愿参加平常喜欢的活动和业余爱好，常闭门独居、疏远亲友、回避社交。严重时，连吃、喝、个人卫生都不顾，甚至发展为不语、不动、不食。最终可能发展为木僵状态，不吃不喝，严重影响生命安全，亦可造成"自杀"后果。

5. 其他

精神分裂症的症状引起自杀的情况不限于以上类举，由于症状表现呈多样性，仍有很多可致自杀行为的情况。

三、早期识别症状及防范

精神分裂症的表现形式多样，也可能出现一些不典型的症状，使诊断难以明确，尤其是对于非精神专科医生。生活中应注意观察言行是否较前一致，需了解精神分裂症常见的一些表现形式，警惕以上提到可能出现自伤、自杀行为的高危症状，是否出现性格改变、言行改变不能解释，若不能辨别，需及时到精神专科就诊，寻求进一步的诊断及治疗。

精神分裂症的患者通常慢性起病，前驱期症状不明显，有些只表现出生活习惯及性格改变，尚不影响社会功能，但通过行为及言语的观察，熟悉的人仍然可以发现一些异常的表现，早期识别。例如，一些生活习惯规律的人出现一段时间夜间都不睡觉或是睡眠明显减少，往外走又没有确切的理由；从不挑食的人开始不愿在外吃饭或与别人一起进食，只肯吃自己准备的水和食物，并且反复检查甚至拒绝食用某些食物；平时性格温和的人开始变得爱发脾气，谩骂他人，甚至有冲动伤人的倾向；平时开朗外向的人把自己一个人关在屋子里，不愿出门，不愿与人交流，生活变得懒散，不注意个人卫生。症状逐渐加重，影响到社会功能时，有些病人通常会出现自言自语（似与人对话）、表情呆木（似在专心听别人说话或是陷于自己的思维中）、四处张望（似有人呼喊自己或是像凭空看到什么）、说一些难以理解的话（内容不切实际甚至荒谬）、身体表面或内部有奇怪的感受，或者出现一些表情紧张、害怕，但是没有明显的社会环境因素，表情与周围环境及经历的生活事件缺乏一定的联系。

精神分裂症患病初期的病人症状并不明显，这时识别诊断较为困难，当有周围的亲人或朋友出现一些言行改变时，家属或者亲友应当给予更多的关心和耐心。不要觉得其言行难以理解而多加指责，多和病人沟通，了解他们的想法，知道病人的需求以及言行改变背后的原因及他们对这些言行的解释，可以更清楚地明白他们的精神状态及目前的行为控制能力等，对于早期识别疾病有很大的帮助，尤其是对于随着疾病进展而症状逐渐加重丧失自知力及判断能力的病人，可能出现缄默状态而影响疾病的诊断，家属的补充病史若能详细包含患者患病初期的想法将有助于明确诊断。另一方面，亲属及亲友的关心和耐心可以增加病人的安全感，消除病人的紧张和不安，对出现自杀、自伤等高风险行为有一定的预防及延缓作用。而对于严重的患者，他们已经失去了对自己行为的控制能力，观察和劝解不能缓解其情绪，则应该立即就医。

四、疾病管理

精神分裂症是一种长期慢性疾病，症状多样化，很多患者临床表现并不典型，对诊断及治疗造成一定的阻碍，症状发展可能引起冲动伤人、自伤自杀的严重后果。对于诊断明确的精神分裂症患者，主要治疗手段包括药物治疗、电抽搐治疗、心理治疗、社会心理康复等。

对于急性期患者，药物及电抽搐治疗为主要手段，可以较快控制主要症状，包括阳性症状、阴性症状、激越兴奋、抑郁焦虑和认知功能减退等，争取最佳预后，急性期的治疗目标是预防自杀及防止危害自身或他人冲动行为的发生。这一时期通常是发生在医院，陪护人员可能较少，由于患者仍处于症状明显的阶段，发生自杀伤人的风险极高，作为家属应加强陪护，密切观察患者的情况，及时向医务人员反映情况，保障患者的安全。同时，受精神症状的影响，病人可能会有恐惧、紧张、焦虑及不安全感，对住院环境有陌生感与不适应现象的患者，需采取支持性心理治疗，在精神上给予一定的尊重、同情、理解、帮忙和安慰。

巩固期是急性期症状控制后一个相当稳定的时期，其治疗旨在防止已缓解的症状复燃或波动，进一步巩固疗效，控制和预防精神分裂症后抑郁和强迫症状，预防自杀，促进社会功能恢复，控制长期用药带来的药物不良反应。这个时期的长短因人而异，持续3~6月。期间，患者的病情仍有可能波动，仍有较大的自杀风险。家属除陪护外，还要督促患者按医嘱服药，对于自知力恢复较差的病人或一部分病人认为自己康复不需继续服药，还有可能出现一些药物不良反应的病人，他们可能自行减药甚至停药，使病情再次加重。由于患者逐渐回归社会，生活事件对情绪的影响亦可能引起病情波动。这个时期的病人需按剂量规律服药并定期接受精神专科门诊随访。这个时期患者自知力逐步恢复，逐渐好转，可通过集体心理治疗、家庭治疗、认知行为治疗等手段，使患者全面了解自己的疾病，提高对精神疾病的识别能力和抵制能力，提高依从性和生活质量，学会应对社会应激的知识和技巧，改善不良的人际关系，获得指导、训练和鼓励以更好地回归社会。

最后是维持时间最长的维持期，以预防和延缓精神症状复发、改善患者社会功能状态为主要目的。这个时期虽然相对出现自杀可能较小，但仍需警惕患者在逐渐调整药物剂量过程中病情波动引起自杀行为。

慢性期精神分裂症患者，残留有精神症状，自知力不完整，可能需要长期住院治疗，需持之以恒地进行诸如行为治疗、支持性心理治疗、工娱治疗、音乐治疗等。

家庭的关怀、家属对于患者的关心、支持和治疗的配合督促能使患者更好地康复。因此可以采用家属教育与解决问题训练相结合的方式，以降低家庭内的应激与疾病复发危险性。精神分裂症患者可能长期脱离社会，生存技能及职业技能可能退化，症状控制后对患者社会技能及职业培训尤为重要。

青少年作为精神分裂症的高发人群之一，其出现精神症状对个人的发展和成长影响极大，造成自杀、伤人等后果对其他青少年也有重要的影响，应加强对这一人群的重视。校园是青少年生活的重要场所，教师应熟悉和了解这一重大疾病的一些相关常识，做到正确对待患病的青少年，及时发现其言行异常及时联系家长送诊，对于康复回归课堂的青少年给予关心和照顾。

第三节　焦虑症

案例

李先生，男性，38岁，大学文化，公司管理者，性格急躁，外向，要强，工作认真负责，细心谨慎，追求完美。半年前一次出差途中，夜间休息时突然出现阵发性心慌、胸闷、气急、呼吸困难的感觉，有窒息感，觉得自己心脏快要停止跳动了，持续3分钟自行缓解，急诊行心电图、胸部X光、心肌酶谱、心脏彩超等常规检查未见明显异常。以后每次出差前都会反复想到上次出现的不适感。逐渐出现害怕出差，夜间睡眠差，经常担心有什么不幸的事情发生，且逐渐出现遇到烦心的事情便会出现心慌气促等不适的感觉。近一个月，类似发作频繁，莫名其妙地出现心慌、胸闷，有时伴有濒死感，成天自觉疲倦、头昏、乏力、胸闷等不适，反复到各大医院检查均未发现异常，怀疑自己生了大病未查出来，严重影响工作质量。1周前，患者心慌难受，且入睡困难，脑子里控制不住想问题，痛苦难忍，遂割腕自杀，被家人发现后送住院。否认既往重大疾病史。

诊断：焦虑症　惊恐发作

一、疾病概述

1. 正常焦虑

焦虑是我们对客观事物态度的体验，是一种常见的情绪反应，亦是一种情感表现。当人们面对潜在的或真实的危险、威胁时，产生情绪反应，是应激反应的一个组成部分。一般有明确的诱因，通常源于对某种事物的期望，因为期望值太高，同时又十分担心失去或达不到目标，因而产生担心和疑虑。适度的焦虑是有益的，从某种角度说有利于实现目标。

2. 病理性焦虑

病理性焦虑则是指不适当的焦虑表现，多无明确的致焦虑因素，或有明确的致焦虑因素，但反应程度、持续时间与致焦虑因素不相称，简而言之，病理性焦虑是一种无根据的恐惧和紧张，心理上体验为泛化的、无固定目标的担心和惊恐，生理上伴有警觉性增高的躯体症状。正常焦虑与病理性焦虑之间可以是一个连续过程。病理性焦虑临床上称为焦虑症状，当其达到或符合焦虑症的相关诊断标准时，就会诊断焦虑障碍或焦虑症。

3. 焦虑性障碍

焦虑障碍又称焦虑症，是一种以焦虑情绪为主要表现的神经症。包括广泛性焦虑及惊恐发作两种临床相，常伴有头晕、胸闷、心悸、呼吸困难、口干、尿频、尿急、出汗、震颤和运动性不安等。焦虑并非实际威胁所引起，其紧张程度与现实情况很不相称。焦虑症很常见，国外报告一般人口中发病率为4%左右，占精神科门诊的6%~27%。美国估计正常人群中终身患病概率为5%，2009年在我国山东、浙江、青海和甘肃的天水四省市抽样调查发现焦虑性障碍的患病率为5.6%，其中城市为6.82%，农村为5.2%。

4. 发病机理

目前病因尚不明确，可能与遗传因素、个性特点、认知过程、不良生活事件、生化、躯体疾病等均有关系。

①遗传因素　在焦虑症的发生中起重要作用，其血缘

亲属中同病率为15%，远高于正常居民；双卵双生子的同病率为2.5%，而单卵双生子为50%。有人认为焦虑症是环境因素和易感素质共同作用的结果，而易感素质是由遗传决定的。

②个性特征　自卑、自信心不足，胆小怕事，谨小慎微，对轻微挫折或身体不适容易紧张，焦虑或情绪波动。

③精神因素　轻微的挫折和不满等精神因素可为诱发因素。

④生物学因素　焦虑反应的生理学基础是交感和副交感神经系统活动的普遍亢进，常有肾上腺素和去甲肾上腺素的过度释放。躯体变化的表现形式决定于患者的交感、副交感神经功能平衡的特征。

5. 临床表现

①病理性焦虑　主要表现为精神上的担心和躯体上的不适。精神担心是指一种提心吊胆、恐惧和忧虑的内心体验伴有紧张不安；身体症状可在精神症状基础上伴发自主神经紊乱症状，如面部潮红、出汗、心悸、胸闷、肌肉紧张、发抖及面色苍白。

②焦虑障碍　是一组以焦虑为突出临床相的精神障碍，主要症状为焦虑的情绪体验、植物神经功能失调及运动性不安。临床表现主要有急性焦虑和慢性焦虑两种表现形式。

a. 急性焦虑，即惊恐发作。这是一种突如其来的惊恐体验，仿佛窒息将至、死亡将至。患者宛如濒临末日，或奔走、或惊叫、惊恐万状、四处呼救。其主要的特点为莫名突发惊恐，随即缓解；间歇期有预期性焦虑；部分患者有回避行为。

惊恐发作时伴存着明显的濒死感或失控感，在正常的日常生活中，患者几乎跟正常人一样。而一旦发作时（有的有特定触发情境，如封闭空间等），患者突然出现极度恐惧的心理，体验到濒死感或失控感。发作时伴有严重的自主神经功能失调，主要有三个方面：心脏症状：胸痛、心动过速、心跳不规则；呼吸系统症状：呼吸困难；神经系统症状：头痛、头昏、眩晕、晕厥和感觉异常。也可以有出汗、腹痛、全身发抖或全身瘫软等症状。一般持续几分钟到数小时发作，开始突然，发作时意识清楚。

惊恐发作极易误诊，发作时患者往往拨打"120"急救电话，看心内科或者呼吸科的急诊。尽管患者看上去症状很重，但是相关检查结果大多正常，因此往往诊断不明确。发作后患者仍极度恐惧，担心自身病情，往往辗转于各大医院各个科室，做各种各样的检查，但不能确诊，既耽误了治疗也造成了医疗资源的浪费。

患者在发作后的间歇期仍然心有余悸，担心再次出现上次发作时的情景，有很大一部分人因为担心发病的时候得不到帮助而产生回避行为，例如不敢单独出门，害怕经历首次发作时相同的情景。

b. 慢性焦虑，又称广泛性焦虑，是焦虑症最常见的表现形式。其主要有精神焦虑、躯体性焦虑、自主性神经功能紊乱等表现。慢性焦虑起病缓慢，与一些心理社会因素有关，很大一部分人可自行缓解，但症状反复发作，反复迁延。最后可能出现人格及社会功能受损。

精神性焦虑：精神上的过度担心是焦虑症的核心症状。表现为对未来可能发生的事情、难以预料的某种危险或不幸事件经常担心。有的人没有明确的担心内容和对象，仅表现为一种提心吊胆、惶恐不安的内心体验；有的人则是担心现实生活中可能将会发生的事情，但是担心的程度远远超过现实。还可以表现为对外界的刺激较敏感，不能集中注意力，容易受到干扰，睡眠差，且情绪波动大，易激惹。长期感到紧张和不安。做事时心烦意乱，没有耐心；与人交往时紧张急切，不沉稳；遇到突发事件之时惊慌失措、六神无主，极易朝坏处想；即便是休息时，也可能坐卧不宁，担心出现飞来横祸。患者如此惶惶不可终日，并非由于客观存在的实际威胁，纯粹是一种连他自己也难以理喻的主观过虑。

躯体性焦虑：自主神经功能失调的症状经常存在，表现为心悸、心慌、出汗、胸闷、呼吸急促、口干、便秘、腹泻、尿频、尿急、皮肤潮红或苍白。有的病人还可能出现阳痿、早泄、月经紊乱等症状。运动性不安主要包括舌、唇、指肌震颤、坐立不安、搓拳顿足、肢体发抖，还可以表现为全身肉跳、肌肉紧张性疼痛、紧张性头痛等等。

二、焦虑症与自杀

长期焦虑症患者由于长时间饱受困扰，因此会经常出现自杀和轻生的念头和行为。有时候患者承受不了这种痛苦和折磨，就会觉得也许自杀还是一种解脱，而且也不会让家人饱受痛苦。这是长期焦虑症最严重和恐怖的危害。

焦虑症是一种共病率较高的疾病，大部分患者合并抑郁。合并抑郁的患者自杀风险明显增高，这种现象在中老年中相对更多见。

在校园里，由于学习的压力，青少年患抑郁性焦虑症的人数越来越多。抑郁性焦虑症是长期的抑郁的积累，也是患者自我的病情发展的表现。如果不给予及时的治疗可能导致患者的自杀。特别是青少年处于身心健康发展及塑造的最关键时期，很多青少年在这个时期遇到挫折和压力时找不到合适的途径解决问题，长此以往，这些困扰会引起无数烦恼。平素性格特征较胆小、自卑的青少年往往便会出现自我评价低、自我感觉差等想法，此时，容易产生自杀的想法及行为以逃避问题，尤其是性格特征较冲动者在这个时候如果不能被及时发现，更容易造成冲动性自杀或自伤行为。

在焦虑症自杀的患者中，有很大一部分起源于睡眠问题。这部分患者起病时以入睡困难为主要表现，持续到最后甚至彻夜难眠，即使服用大量的安眠药也无济于事，仍得不到缓解，甚至非常想睡但睡不着。这时出现冲动性自杀行为的风险极高。这类患者往往在睡眠有好转时跟正常人没有什么分别，平时不易出现自杀意念，出现自杀风险往往在半夜受睡眠影响，且非常强烈，一旦睡眠问题得到解决立即缓解。

生活中，很多人往往对自杀有错误的认识，有的人认为想自杀的人都是坚持想死的人；自杀危机过去后就不会再自杀；有自杀的人都是精神异常者等。这些都是错误的观点。焦虑症患者急性发作时或伴有严重躯体不适时自觉痛苦难忍往往容易出现冲动性自杀，这一类患者自杀意念非常强，但发作间期自杀观念往往容易缓解，而再次出现上述症状时可能会再次出现自杀观念；而对于长期受焦虑症状折磨特别是躯体焦虑症状为主的患者，经常合并抑郁症状，怀疑自己生重病，对生活绝望，产生极严重的自杀意念，这一类患者往往自杀意念较强，并可能多次采取自杀行为。青少年处于身体与心理共同发育时期，面对出现心理偏差时不愿意告知其他人，愿意主动就诊的学生更少，所以学会早期识别风险显得更为重要。

三、焦虑症自杀风险早期识别

焦虑症本身是精神障碍里较轻的疾病,且治疗上无较大困难,治疗方法较多,但焦虑症所致自杀风险与日俱增,自杀是该疾病最严重的后果,所以对自杀风险的早期识别和防范尤为重要。我们可以通过观察患者本人和从患者家人了解患者近期情况来识别。如果当事人在交谈、日记或行动中流露出对人生的悲观情绪,甚至表露出自杀的意愿,应高度重视。有自杀想法或企图的患者往往还会出现一些异常的举动,如:突然明显的行为改变,忧郁症状毫无理由地消失或者长期焦躁的情绪突然平静下来,无端地拒绝医疗救助或者家人的照顾,立遗嘱交代后事,写告别信给至亲好友,清理自己所有的物品,把自己心爱的东西分赠给他人,经常查阅有关死亡的资料,热衷于讨论自杀的方法或特别回避自杀的话题,对周围所有事物都失去兴趣等等。这些都有可能是自杀的前兆,当出现上述征兆时我们应该谨慎自杀行为的发生。

非专业人士的患者一般不会表述情感问题,只说身体上的某些不适。如有的人经常用手支着头,说头痛头昏;有的用手捂着胸,说呼吸困难;有的说嗓子里好像有东西,影响吞咽。他们的"病"似乎很重,呈慢性化,或反复发作,但做了诸多医学检查,又没发现什么问题,吃了许多药,"病"仍无好转迹象。有的患者,面对达到的目标、实现的理想、一帆风顺的坦途,却并无喜悦之情,反而感到忧伤和痛苦。如考上名牌大学却愁眉苦脸、心事重重,想打退堂鼓。对生活失去了原有的激情是抑郁焦虑症典型的征兆。自杀是抑郁焦虑症最为严重的危害之一。重症患者利用各种方式自杀。对自杀未遂者,如果只抢救了生命，未对其进行抗抑郁焦虑治疗（包括心理治疗），患者仍会重复自杀。千万不要以为自杀未成功就说明当事人其实不想自杀，因而忽视了自杀的危险性。因为这类自杀是有心理病理因素和生物化学因素的，患者并非心甘情愿地想去死，而是被疾病因素所左右，内心痛苦，自觉身不由己。对这类患者应重点关注，试图了解其内心想法，早期治疗，减少自杀风险。

校园里焦虑症的自杀预防更为重要，而预防的关键是早期识别。如果识别不了，那一切都是徒劳的。和学生日常生活在一起的主要是学生自身，不是辅导员和心理咨询老师。所以早期识别，及时提供信息的还得依靠学生。要教会学生基本的识别知识，及时报告，这样专业人员才能及时发现进行干预；只要及时干预，就可以避免自杀事件的发生。几乎所有高校的学生自杀，都是在辅导员不知情的情况下发生的，有时即使同寝室的学生发现了同伴的异常，也没有及时报告，耽误了宝贵的干预时机。

提高学生心理问题求助意识也是非常重要的。如果学生感到心里很压抑、很痛苦、不开心、不快乐，及时到心理咨询中心找老师谈谈，老师一定会及时发现并进行干预的。

所以工作的关键：第一，提高同学们的识别技能，及时发现及时报告。第二，提高心理问题学生的求助意识，有痛苦马上找老师谈谈。第三，加强各级学生管理干部心理知识培训，提高专业技能。做到以上几点，便可早期识别自杀风险，降低自杀率。

四、焦虑症与自杀的防治与管理

(一)宣传教育

开展精神卫生宣传和教育,提高人们对精神疾病的认识和加强心理健康素质教育,建立完善的心理咨询和心理保健体系,早发现早防治成为焦虑障碍与自杀风险评估、防治及降低风险最关键的环节。

(二)自身调节

焦虑症的防治和管理非常重要,情绪的自我调节是很关键的。特别是青少年,大部分焦虑情绪来源于父母、老师及自身成长、学习过程中的压力,故焦虑情绪的自我调节往往放在最重要的位置。有一个良好的心态是预防焦虑障碍发生的重要条件。首先要乐天知命,知足常乐。不要老是追悔过去,埋怨自己当初这不该,那也不该。其次是要保持情绪稳定,不可大喜大悲。"笑一笑十年少,愁一愁白了头""君子坦荡荡,小人长戚戚",要心宽,凡事想得开,要使自己的主观思想不断适应客观发展的现实。其三是要注意"制怒",不要轻易发脾气。保持心情舒畅、情绪平稳。

1. 自我疏导是焦虑管理的重要方法。轻微焦虑的消除,主要是依靠个人。当出现焦虑时,首先要意识到自己这是焦虑心理,要正视它,不要用自认为合理的其他理由来掩饰它的存在。其次要树立起消除焦虑心理的信心,充分调动主观能动性,运用注意力转移的原理,及时消除焦虑。当你的注意力转移到新的事物上去时,心理上产生的新的体验有可能驱逐和取代焦虑心理,这是一种人们常用的方法。

2. 自我放松也是焦虑管理中的重要环节,如果当你感到焦虑不安时，可以运用自我意识放松的方法来进行调节。具体来说，就是有意识地在行为上表现得快活、轻松和自信。比如说，可以端坐不动，闭上双眼，然后开始向自己下达指令："头部放松、颈部放松……直至四肢、手指、脚趾放松。"运用意识的力量使自己全身放松，处在一个松和静的状态中，随着周身的放松，焦虑心理可以慢慢得到平缓。另外还可以运用视觉放松法来消除焦虑，如闭上双眼，在脑海中创造一个优美恬静的环境，想象一个美丽的画面……多种方法都可以让自己身心达到放松的状态，从而缓解焦虑情绪，可以降低焦虑所致自杀风险。

（三）校园综合干预

除了自身调节之外，校园综合干预措施是校园里青少年情绪障碍与自杀的防治的重要措施。通过建立校园综合干预措施，建立了青少年情绪障碍及自杀行为校园综合防控干预体系。对青少年情绪问题及自杀行为进行早期预警，可有效降低青少年各种情绪障碍、暴力和破坏行为、网络成瘾障碍和自杀问题的发生率。同时，建立"医校联合心理疾病及自杀防治和干预模式"也是非常重要的一项措施，将学校与医院精神病专科紧密合作是情绪障碍与自杀干预模式一个重要的创新，将校园心理服务与当地精神卫生机构的资源整合起来，以确保需要的学生能够及时获得专业心理治疗、药物治疗和住院治疗，有效减少心理疾病的加重及及时干预自杀行为的发生。

（四）专科治疗

当一个人出现了持续的不切合实际的担忧，并成为处世的习惯方式，他就可能患了广泛性焦虑症。如果出现焦虑，经过自我调整、放松等措施后能减轻或缓解症状，则可继续应用直至焦虑症状消失。但如果这些症状频繁发生或不断加剧，甚至持续存在，行为失控，发生回避或不恰当行为，甚至存在极大的自杀自伤及伤人风险，则应及早去心理或精神科诊治。急性期以缓解或消除焦虑症状为主，提高临床治愈率，以恢复社会功能，提高生存质量为目标。而巩固治疗和维持治疗对预防复发非常重要。治疗方案必须因人而异，对大多数病人的治疗常选用综合性治疗。

1. 药物治疗　药物对解除焦虑症状有明显的疗效。药物对广泛性焦虑症的治疗是非常有益的，特别能够快速解除急性焦虑，保证其他治疗的顺利进行。药物治疗普遍与其他治疗结合使用。现在有多种抗焦虑药物可供医生选择。药物选择应个体化，根据焦虑障碍的严重性、可能的副反应以及病人对治疗的依从性来选择。药物治疗常常需要持续数月，有些病人则需要1年或更久。

（1）苯二氮䓬类药物为最常抗焦虑药，尤其是在急性焦虑发作时。临时使用苯二氮䓬类药物起效快，症状缓解迅速而明显。在慢性焦虑中使用则按个体敏感性及睡眠状况选用。因该类药物具有成瘾性，增加剂量和减少剂量时应在医生指导下进行。逐渐减量，防止症状反跳。

（2）其他抗焦虑药如丁螺环酮、坦度螺酮等。

（3）三环类、四环类、选择性五羟色胺再摄取抑制剂等新一代抗抑郁药都可用于本病治疗，对焦虑和抑郁症状均有效，并有逐渐取代苯二氮䓬类药物成为首选药物的趋势。其主要代表药物有氟西汀、帕罗西汀、舍曲林、文拉法辛等。

2. 心理治疗　常用的心理治疗有放松治疗、认知行为治疗、支持性心理治疗、催眠治疗等。

（1）放松治疗是焦虑症治疗中最重要的治疗方法，当个体全身松弛后，生理警觉水平全面降低，各项生理指标的出现与其治疗是按照一定的顺序进行的，依次进行收缩和放松头面部、上肢、胸腹部和下肢各组肌肉的训练，达到减轻焦虑的效应。冥想也有类似作用。

（2）认知治疗也是目前心理治疗中常用的治疗方法。这种方法是寻求改变患者对困境的思考和反应模式。因为患者对焦虑症不了解或有不正确的认识，对患者的情感体验和躯体感受应给予合理的解释，消除或减少其对疾病的过度担心和紧张，从而调动患者的能动作用。若同时联合药物治疗，更会提高疗效。

（3）体育治疗也可以减轻焦虑。体育治疗和心理治疗中的松弛疗法很相似。大家都知道不管在怎样的情况下，适度的锻炼对人体是有益无害的。而且研究也发现，如果每天都能够在早晨或者是下午时刻坚持1个小时左右的适度锻炼，在锻炼的时候尽情地去发泄自己所有的烦闷和不满，不要去想那些不值得自己去担心、自己不必要去担心的事情，将使病情得到很好的缓解和控制。

（4）支持性心理治疗是降低焦虑患者自杀风险的关键，焦虑症患者大多伴有某些心理问题，需要有人来帮助和支持解决，尤其是亲属的参与更为重要。

3. 物理治疗　物理治疗也可用于焦虑症患者的治疗中，主要包括生物反馈、经颅磁刺激治疗等。

第四节　边缘性人格障碍

案例

患者母亲诉：患者为家中的独女，出生后不到1岁时断奶。断奶后因父母忙于工作而由外婆代养，深得外婆的宠爱。3岁时外婆去世。4岁回到父母身边并开始上幼儿园，因幼儿园正好在自己家不远处，经常是独自一人去幼儿园。6岁上小学，学习成绩不好，经常在课堂上说话，无法集中注意力，常常逃学，经常和班级里调皮的男同学玩得很近。在家中父亲很严格，孩子稍有不对，就立即被父亲责罚。母亲对患者很溺爱，什么事情都顺着患者，但不敢违背其父亲。小学老师经常向患者父亲告状，患者常常被父亲殴打。由于成绩差，患者升入了我市一所三流中学，患者在课堂上不是经常说话，扰乱课堂秩序，就是倒头呼呼大睡。和同学关系差，经常和男生吵架打架。被同学孤立后，又主动去讨好同学，但稍有不顺又和同学大打出手。老师们对她屡教不改，告知其父亲，父亲时常武力相向，父女关系极度恶劣。患者被父亲打后，经常用小刀划自己手臂。患者经常找母亲要钱，不给时就打母亲，拉扯母亲的头发，或以死来威胁母亲，患者母亲拿患者也没有办法，只能听之任之。到患者升入高中后，患者与父亲断绝父女关系，在学校住读，经常逃课跑到校外，和学校里的差生及当地的混混走得近，学会了抽烟喝酒，常常和不同男生谈恋爱，于16岁时有了第一次性行为，之后2次在医院做人流手术。后患者父母为避免患者彻底成为混混，花钱将患者送入我市一所正规高职学校读书。患者入校后和一男生谈恋爱。患者很迷恋对方，但是和男生关系稍有不和，就会以死相逼，要么是用刀片划自己的手，或是用烟头烫伤自己，或是骑跨在天台上，扬言要跳楼，使得男生一直在躲避患者。一周前患者割腕后，自服30片阿普唑仑自杀，被同学发现送入医院，经抢救后好转。

患者自诉：自幼就不知道爸爸妈妈这两个人，每年最多过年时才能看到这两人。只和外婆亲，外公平时沉默寡言，和自己交流少。三岁时外婆去世，非常伤心，外公只知道管一天三顿饭，也没有人和自己说说话。4岁时，父母将自己接回家中，父亲很凶，经常对自己大吼大叫，自己不敢犯错，稍有不对，就会被父亲毒打。从小就非常讨厌又喜欢父亲，希望他能像母亲一样对我好，但明知道不可能，所以很讨厌他，不敢和他见面。上幼儿园后，那些小孩经常欺负自己，回去了不敢和父母说，怕父亲又打自己。上小学后就不喜欢同学和老师，同学们经常合伙捉弄自己，和同学们吵架打架后，老师经常只责怪自己。后来越来越不喜欢学习，觉得无法集中注意力。被同学孤立后，觉得很不开心，自己主动去认错讨好他们，但是他们还是要捉弄自己。自己只有和一些差生玩玩。上中学后，学校的老师和同学仍然不喜欢我，我只有和当地的一些混混一起耍，当时正在和班上一名差生谈恋爱，他将那些人介绍给自己。我觉得我只有和他们才玩得到一块。父亲一直忙于生意，根本没有管过我，从没有和自己谈谈心，一见面就是吵架，吵完就开始打自己。高一时和一个混混谈恋爱，他对自己很好很照顾，自己很喜欢和他在一起的感觉，并发生了第一次性关系。之后和他交往了大半年，经常吵架，就分了。分手之后，我又和另一个混混交往，但经常还去找前男友，期间做过2次人流。之后，被送去读高职，认识了现在的男朋友。开始两人关系很好，过得很开心，但是后来他越来越不关心自己，每天都要吵架，常常和自己闹分手。分手之后，我去求他，和他发生关系，他才同意和好，但仍然常常去和别的女生眉来眼去，对自己很漠视，所以就用死去威胁他。开始他怕了，对我很上心，后来试了五六次后，他又开始不理我躲着我，这次我就是要证明给他看，我死了就是他的责任。

一、疾病介绍

边缘性人格障碍（Borderline personality disorder，简称BPD）

1. 概述

边缘性人格障碍，是一种介于神经症和精神病之间的心理障碍，在全世界精神卫生机构和其他各类卫生保健机构，此类人格障碍最为多见，是一种十分严重的心理障碍，也可以说是一种最难治疗的心理障碍。边缘性人格障碍的表现是多样性的、跳跃性的和不稳定的。边缘性人格障碍的情绪是极不稳定的，非常缺少安全感和恒定性，也导致和别人的关系忽冷忽热，总是在最好和最坏两个极端跳跃，难以和别人形成持久、稳固的人际关系。

2. 诊断标准

根据最新版的《DSM-Ⅳ-TR》的定义，BPD放在Axis Ⅱ。边缘性人格疾患的主要症状如下：

（1）疯狂努力以避免真实或想象中的被抛弃。

（2）不稳定且紧张的人际关系模式，特征为变换在过度理想化及否定其价值两极端之间。

（3）认同障碍：自体形象（self image）或自体感受（sense of self）持续明显不稳定。

（4）至少两方面可能导致自我伤害的冲动行为。

（5）一再自杀的行为、姿态、威胁，或自伤行为。

（6）由于心情过度易于反应，情感表现不稳定。

（7）长期感到空虚。

（8）不合宜且强烈的愤怒，或对愤怒难以控制。

边缘性人格障碍的病患更在乎自己给别人的印象、自己和别人的关系以及自己的表现。

边缘性障碍患者经常对自己是谁感觉很不确定。因此，他们的自我印象或者自我意识经常变换很快。通常他们认为自己是邪恶的或者很坏，并且有时可能觉得他们根本不存在。这种不稳定的自我印象可能导致频繁地更换工作、朋友、目标、价值观和性别意识。

关系经常处于动荡中，边缘性人格障碍的患者通常都有过对他人的爱恨经历，他们可能在某时理想化一个人，然后突然急剧转向愤怒和仇恨，那是超过轻视甚至误解的。这是由于此类病患难以接受灰色地带——事情只有黑色和白色两种。举例来说，在边缘性人格障碍病患的眼中，一个人要么是善要么是恶。同一人也可以一天好一天邪恶。

另外，边缘性人格障碍的病患经常从事冲动和冒险行为。这种行为经常伤害到他们，无论是在感情、金钱或是身体方面。比如，他们可能鲁莽驾驶，可能进行不安全的性行为，使用非法药物或去狂热消费或赌博。边缘性人格障碍的病患为了放松情绪经常有自杀行为或者进行自我伤害。

2.临床表现

边缘性人格障碍者的临床表现主要有以下几方面的症状：

（1）紊乱自我身份认同（Self-identity）。缺乏自我目标和自我价值感，低自尊，对诸如"我是谁""我是怎么样的人""我要到哪里去"这样的问题缺乏思考和答案。这种自我身份认同的紊乱往往开始于青春期，而边缘性人格障碍患者显然出现了自我身份认同的滞后，长期停留在混乱的阶段，其自我意象不连续一致且互相矛盾。这反映为他们生活中的各种矛盾和冲突。

（2）不稳定的、快速变化的心境。患者往往有强烈的焦虑情绪，很容易在愤怒、悲哀、羞耻感、惊慌、恐惧和兴奋感和全能感之间摇摆不定。往往会被长期的、慢性的、弥漫的空虚感和孤独感包围。心境状态有快速多变的特点。特别在遭遇到应激性事件时，患者极易出现短暂发作性的紧张焦虑、易激惹、惊恐、绝望和愤怒。但是其情绪往往缺乏抑郁症所特有的持久悲哀、内疚感和感染力，也没有生物学特征性症状如早醒、体重减轻等。

（3）显著的分离焦虑。他们被形容成"手拿脐带走进生活，时刻在找地方接上去"。非常害怕孤独和被人抛弃。对抛弃、分离异常敏感，千方百计地避免分离情景，如乞求甚至自杀威胁。对孤独非常害怕，缺乏自我安慰能力，往往需要通过各种刺激性行为和物质如饮酒、滥交、吸毒等来排遣空虚孤独感。

（4）冲突的亲密关系。他们在亲密关系中会在两个极端间摆动。一方面非常依赖对方，一方面又总是和亲近的人争吵。一会觉得对方天下第一，一会又把对方说得一钱不值。反复的关系破裂，人际关系中冲突不断。和他们相处的人经常会感觉很累，但是又无法抽身而出。

（5）冲动性（impulsivity）。常见的冲动行为有酗酒、大肆挥霍、赌博、偷窃、药物滥用、贪食、淫乱等。50%~70%的患者有过冲动性的自毁、自杀行为，8%~10%的患者自杀成功。是一种高自杀率的疾病。突发性的暴怒、毁物、斗殴、骂人也是常见的冲动行为。

（6）应激性的精神病性症状。在应激情况下，容易出现人格解离（depersonalization），牵连观念，如短暂的或情景性的、似乎有现实基础的错觉或幻觉等。

二、鉴别诊断

1. 双相情感障碍

边缘性人格障碍与抑郁症的伴发率高，根据诊断层级，如果达到抑郁症的诊断则诊断抑郁症，按照DSM-Ⅳ，人格障碍作为轴Ⅱ诊断。有些轻躁狂病人表现易激动、好挑剔、惹是生非、与人争执、爱管闲事、无理取闹、攻击或侵犯周围的行为障碍，如果既往史不详，有时可能被误诊为人格障碍。躁狂病人虽可以出现类似人格障碍的表现，但仔细观察可发现情感高涨、兴奋性强、言语增多等表现，结合病程及既往性格特征不难区别。

2. 精神分裂症

精神分裂症早期可表现为人格和行为改变，如劳动纪律松弛，情绪不稳定，对家人态度恶劣，学习和工作效率下降等。这些病例若仔细检查，可发现不适当的情感和行为以及不固定的妄想观念。如一年轻人既往个性健全，一段时间来无明显主客观原因，而出现上述类似行为改变时，应考虑早期精神分裂症的可能。精神分裂症缓解不全可遗留人格缺陷，可结合既往个性特征及家族史等加以诊断。精神分裂症缓解不全的病例，除表现人格改变外，情感、思维、意志等方面也有障碍，他们往往缺乏自发性和自然性，这是人格障碍所具备的。

3. 人格改变

人格障碍需与脑器质性疾病所引起的人格改变进行鉴别。脑器质性疾病患者大多有脑功能障碍和神经系统体征，结合脑电图、CT等辅助检查，鉴别并不困难。

三、治疗

1. 药物治疗

具有边缘性人格障碍的患者情绪极不稳定，极易冲动出现自杀自伤等行为。当患者情绪波动明显，具有自杀自伤等风险时，应予以精神科门诊诊治，及时予以药物治疗。药物治疗包括：①锂盐：情感不稳定是边缘性人格障碍的重要表现，故给予情感稳定剂锂盐是适当的。②抗惊厥药：卡马西平对情感不稳定和冲动控制不良有效，如边缘性患者共患抑郁症则不宜应用卡马西平。③纳曲酮：有文献报道阿片拮抗剂纳曲酮对部分边缘性人格障碍患者有效，尤其是可以使自我伤害行为减少。④抗精神病药：传统抗精神病药用于边缘性人格障碍的机制是其抗冲动—攻击和抗精神病效应。非典型抗精神病药，如奥氮平、氯氮平、利培酮等，可同时拮抗多巴胺D2和五羟色胺（5-TH2）受体，5-TH2受体异常与焦虑、抑郁、精神病和自杀有关，因此，非典型抗精神病药可控制边缘性人格障碍患者中出现的上述症状。⑤抗抑郁药：奈法唑酮、三环类抗抑郁药、选择性五羟色胺再摄取抑制剂（SSRI）、选择性五羟色胺—去甲肾上腺素能再摄取抑制剂（SNRI）类药物对边缘性人格障碍有效。单胺氧化酶抑制剂（MAOIs）治疗边缘性人格障碍疗效低，不良反应大，其使用受到限制。

2. 心理治疗

国内对于边缘性人格障碍的治疗的研究还比较少，大多数国外学者都认同2个观点：①治疗是有效的，可以减症状，提高患者的生活质量，得到相对比较好的预后。②对BPD的治疗应以心理治疗为主，药物治疗为辅，治疗周期很长，几个月甚至几年，需要治疗师投入大量的精力，而且治愈率很低。对人格障碍患者有益的心理治疗包括支持性心理治疗、心理分析性心理治疗、认知疗法、认知分析治疗、人际间心理治疗、辩证行为治疗和心理教育等。

（1）辩证行为治疗（DBT）：DBT是经过临床验证被认可的有效的BPD的心理治疗方法。针对BPD特有的情绪调节系统功能失调，将认知行为疗法的行为改变原理和社会心理学原理、来访者中心疗法及禅宗的接纳理论相结合，帮助患者认识自我，学会如何处理情绪创伤、调节负性情绪，建立有效的人际关系，学会如何忍受生活中不可避免的痛苦。

DBT同时进行4种形式的治疗工作：①个人心理治疗：主要运用行为疗法使患者在两方面达到平衡，一方面接受自己和现实，一方面允许改变。②团体治疗：观察活动中患者的参与程度、防御方式、人际处理方式，训练患者的人际关系中冲突的处理技巧，情绪调节技巧，改善其混乱的人际关系，增强自尊。③电话指导：治疗师与患者保持电话联系，以便在患者需要时寻求帮助，强化患者在实际情景中运用学到的技巧，并给以支持和鼓励。④督导会议：治疗师们每星期举行一次会议，讨论分析疑难病例，交流经验，必要情况下接受督导。

（2）家庭治疗：家庭治疗在BPD的治疗中应用渐多，有利于患者修复亲密关系，得到社会支持，减少自杀率。大多数治疗师都认为个别治疗结合家庭治疗可以明显改变BPD患者的病态认知和行为。但是对于家庭治疗的切入时机看法不同，有专家认为在治疗早期合并家庭治疗是非常有用的，一方面可以使一些无法处理的移情转换情景到家庭治疗中；另一方面利于治疗师保持客观，减轻对边缘青少年的反移情，利用自己的观察力带给家庭成员反思。但是 Masterson 早在20世纪70年代尝试早期合并家庭治疗后认为这样会造成更大的冲突和被抛弃的感觉,造成患者进一步地付诸行动。

(3) 移情中心治疗(TPF):TPF是以心理动力学中的客体关系理论为基础的,它强调建立良好关系进行治疗,重视治疗过程中治疗师和患者的交互作用所起的作用。Lowwald 认为治疗活动是基于患者内化新的客体关系即与治疗师之间的客体关系的基础上的。患者若能将这种新的关系广泛运用到日常生活中去,治疗便是卓有成效的。

(4) 沙盘游戏治疗(sandplay therapy):目前已经有一些沙盘游戏治疗师应用这一技术成功治疗 BPD 的案例。精神分析学派对 BPD 心理病理机制的研究认为患者幼年时母子关系失衡即"母亲过分卷入"(over-involvement)和"母亲对孩子的需要的误解(misreading)及不适当的反应"导致 BPD 患者的病态心理,而在沙盘游戏中患者会自然而然地无意识地回到童年。沙盘游戏帮助游戏者接通意识与无意识的对话。大部分沙盘游戏治疗师都认为在治疗重症 BPD 患者时,为避免不必要的阻抗、倒退,最好不要在治疗初期就使用沙盘技术。

第五节 物质依赖

案例

患者男,25岁,高中毕业,待业青年。

高中毕业后,常年在家待业,家境不好,自觉生活烦闷、压力大,开始外出交友。去年3月份在舞厅,一次偶然的机会有个朋友给了他一些摇头丸,服用后自觉很舒服、兴奋,逐渐进入令人欣快、高度兴奋的极乐世界。之后,经常沉溺于舞厅,寻找很兴奋的感觉。半年后,患者精神差,注意力不集中,不愿与人交流,孤独、懒散,生活颓废、消沉,日渐消瘦,容易疲劳,心情很差,对家人发脾气,时而消极,觉得生活没有意义,有想死的念头,希望不知不觉地在娱乐中死去。起病以来,患者精神差、疲乏、纳差、消瘦,体重下降近20斤。

患者服用精神活性物质(摇头丸)、沉溺于自我陶醉,追寻一时的"欣快兴奋",出现精神和躯体疾病。

诊断:精神活性物质依赖

一、疾病介绍

1. 概念

物质依赖,即精神活性物质依赖,指有强制性的渴求、追求与不间断地使用某种物质,以取得快感或避免戒断后产生痛苦为特点的一种心理和生理性病理状态。也就是我们平时说的上瘾。如果不使用精神活性物质,就会出现身体不舒服,如心慌、多汗、恶心、呕吐、震颤、行走不稳等一系列的反应,严重的会有抽搐、神志不清,甚至会危及生命。因此,有些人为了感受它的精神效应,或避免戒断后不适,强迫性继续定期使用精神活性物质的行为和其他反应。而如果长期使用精神活性物质,以前的剂量已经不能够满足身体的要求,使用量会越来越大。其具有下述特点:为了能继续使用精神活性物质而不择手段去获取它;用量不断增加;可产生精神性的和躯体性的依赖,对个人、社会产生恶劣影响。

耐药性是指重复使用某种药物,其应用逐渐减低,以期望达到与用药初期的同等效应，需加大剂量。

交叉耐药性，是指某种药物形成的耐药性，在开始用其他药物时出现耐药性而言。吗啡及其他镇静剂、酒精和许多镇痛安眠药之间，常产生交叉耐药性。

2. 精神活性物质分类

常见精神活性物质大致分为四类。中枢神经抑制剂：阿片类、酒类、巴比妥类、苯二氮卓类；中枢神经兴奋剂：苯丙胺类、可卡因、烟草、含咖啡因饮料；致幻剂：大麻、麦角酸二乙酰胺、苯环己哌啶等；挥发性溶剂：丙酮、四氯化碳、某些溶媒等。

3. 物质依赖分类

物质依赖包括精神依赖和躯体依赖两种情况。精神依赖，也称心理依赖，是指使用精神活性物质后产生一种愉快满足或欣快的感觉，并在心理上驱使使用者具有一种要周期性地或连续性地使用精神活性物质的欲望，从而产生强迫性的用药行为，以便获得满足或避免不适感。心理依赖构成药物或物质滥用和依赖的主要特征。易引起精神依赖的物质有：吗啡、海洛因、可待因、哌替啶、巴比妥类、酒类、苯丙胺类、大麻等。躯体依赖是指反复使用精神活性物质使中枢神经系统发生了某些生理、生化变化，中断使用后产生一种强烈的躯体方面的损害，即戒断综合征，表现为一系列特有的躯体和精神症状，使个体非常痛苦，甚至危及其生命。易引起躯体依赖的物质包括：吗啡、巴比妥类和酒类。

二、物质依赖的主要因素

引起物质依赖的因素是多因素结果，与物质的可获得性、遗传素质和人格的易感性以及社会文化因素密切相关。特别是青年人，在使用精神活性物质前有某种性格缺陷、品德障碍。有些家庭中有精神病或人格障碍者，或童年有不愉快经历。同时，社会文化对物质依赖也有影响。如社会对精神活性物质应用呈宽容态度，如大麻广泛流行于北美。

（1）社会因素主要包括物质的可获得、家庭因素（精神疾病史、人格障碍、童年精神或躯体受虐待史等）、同伴影响、社会压力、文化背景、社会环境。

社会环境和社会生活方式在药物滥用的传播和发展中起着非常重要的作用。社会环境决定了药品供应情况，通过商业的流通渠道扩散，很快形成流行，但有一定的地理界限和人种特征，有一定的集团活动，一般容易迅速控制而加以扑灭。社会态度决定了物质滥用与依赖的发病率。如阿片类物质的可获得性，吸毒者常有毒品供应网；社会文化背景决定了某些精神活性物质的可接受性。最明显的是西方社会的青少年，经常受亚文化群体的团伙影响，集体吸食大麻或其他毒品，容易产生大面积流行。还有一些地区的居民风俗习惯容易导致流行，如南美印第安人吃古柯叶，墨西哥印第安人吃植物 peyotl 的尖端（含南美仙人掌毒碱）等社会环境因素；同时，家庭物质滥用与依赖也起着很重要的作用，如家庭矛盾、单亲家庭、家庭成员缺乏交流等。

（2）心理因素主要包括个性研究、药物的心理强化作用、正强化、负强化、精神病理因素。

物质滥用与依赖者常有明显的人格特征，如适应不良、过度敏感、被动、依赖、自我中心、冲动性、对外界耐受性差、不顾及社会关系及社会义务等。许多物质滥用与依赖者为未成年人，其心理处于不稳定期，易受外界因素的影响而产生对酒及药物的依赖。有学者认为，发生物质依赖者，其人格往往有缺陷，称为"成瘾人格"。通常认为有三种人格缺陷者易产生物质依赖，即变态人格、孤独人格和依赖性人格。也有人发现，凡与酒依赖相一致的人格缺陷就可以造成其他物质依赖。这些人格缺陷所表现的共同特征是，易产生焦虑、紧张、欲望不满足、情感易冲动、自制能力差等。但到目前为止，尚不能确定有特殊容易成瘾倾向的人群存在。行为心理学派认为，滥用物质产生的欣快感，可以产生直接的阳性强化作用，而避免戒断时的痛苦则产生间接的阳性强化作用。两者协同形成一级强化。形成物质依赖的情景和条件也可形成环境上的强化作用，即二级强化。这两级强化作用的叠加遂使人的行为固定，从而形成物质依赖。此外，依赖者受接触到的周围人群的群体心理影响，更可构成社会性的强化，促使物质依赖更加顽固。医源性：往往由于医生给患者经常使用某种物质引起依赖。如给癌症患者反复使用吗啡止痛，引起对吗啡类的依赖。又如有的人因偶尔失眠或疼痛使用催眠镇静或止痛药物，以致发展到长期滥用，最后形成依赖。

（3）生物学因素主要包括首剂反应、ALDH、寄生子及双生子研究。目前，还没有建立起任何一种单一的生物实验模式来解释所有各类药物能够产生耐药性与依赖这些复杂现象。但可以肯定这些与机体的中枢神经系统（如多巴胺系统）、代谢速度和遗传因素有关。如家系研究发现，酒精依赖者多有遗传倾向，嗜酒者的子女酒精中毒发生率较不嗜酒者的子女高 4~5 倍；对孪生子女研究发现，酒精中毒的同病率，单卵双生明显高于双卵双生；后代嗜酒与血缘父母嗜酒密切相关，而与寄养父母嗜酒无关。

三、物质依赖的临床类型

1. 吗啡类依赖

阿片类物质,包括阿片、生物碱、吗啡、海洛因、杜冷丁、美沙酮和镇痛新等,此类药物除镇痛外可引起欣快,易成瘾。常用剂量连续使用2周即可成瘾,具有强烈的精神依赖、躯体依赖及耐药性。口服用药时,吗啡最高剂量每次0.03g,每日0.1g。文献资料表明,吗啡成瘾者每次用量可高达0.5~1.0g。

(1) 临床表现

精神症状表现为:情绪低落、消沉、易激惹;服用瘾药后情绪高、活跃。性格变化极为严重:自私、说谎、诡辩,不关心他人,对社会失去责任感。记忆力下降,注意力难以集中,创造能力和主动性减低。失眠、睡眠质量差,昼夜节律颠倒。智能障碍不明显。

躯体症状:一般营养状况差、食欲丧失、多汗、便秘、体重下降、皮肤干燥、性欲减退。男性病人出现阳痿,性欲丧失,女性月经紊乱、闭经。血管运动方面可见脸红、头晕、冷汗、体温升高或降低、心悸、心动过速。此外,有白细胞升高,血糖降低。

神经系统检查:可见震颤、动作和步态不稳、言语困难、Romberg征阳性、缩瞳、腱反射亢进,也可发现吸吮反射、掌颏反射、霍夫曼征阳性及感觉过敏。部分病人脑电图轻度异常,β活动增加或θ活动增加。

戒断综合征:阿片类戒断症状十分痛苦。断药6~8小时后即出现焦虑不安、打哈欠、流涕、寒战和身体不同部位疼痛、失眠,病人完全不能入睡,安眠药无效。病人痛苦呻吟,哀求给药,不给则进行威胁、恐吓。病人在撤药后均出现程度不等的短暂意识障碍,表现为嗜睡,重者出现暂时谵妄状态,一般在停药24～36小时较为突出,历时1～2天或2～3天后便显著减轻。在意识不清晰时常伴有精神运动性不安、躁动。有时可伴有鲜明生动的幻觉。

植物神经症状明显:恶心呕吐,全身痛觉过敏,瞳孔扩大,发热出汗。肌肉抽搐常见。以上症状一般在停用精神活性物质72小时后减轻。但精神症状,如焦虑不安、失眠等症状会持续1～2周或更久。

在躯体戒断症状明显减轻后,精神依赖症状"想瘾药"仍可十分明显。此时医护人员要十分警惕,勿让病人"有机可乘"。

2. 巴比妥类及其他镇静安眠药成瘾

随着安眠药、镇静剂在临床上的广泛应用,成瘾者不少见,其中以速可眠、安眠酮成瘾者多见。巴比妥类药物可解除紧张,易产生精神依赖。由于耐药性的出现,剂量日趋加大,反复长期使用后可产躯体依赖。据文献报道,速可眠日用量在0.4g以下,不易导致躯体依赖,日用量0.6g,服用一个月,可引起躯体依赖和戒断症状。

临床表现:长期大量服用安眠药的病人,均可出现程度不等的慢性中毒症状。一次大剂量服用巴比妥类药物,可引起意识障碍及轻躁狂状态,历时数小时至数天,伴有震颤、吐字不清、步态不稳等神经系统体征。长期大量服用可出现智能障碍:记忆力、计算力、理解力均有明显下降,思考问题困难,工作学习能力均可有所下降。药物成瘾后均出现人格改变:不择手段偷药骗药,置家人生活于不顾,否认成瘾,当面撒谎,直至戒断症状出现,无法忍受时才向家人和医生苦苦哀求给药。病人丧失进取心,对家庭和社会丧失责任感。

躯体症状：可见消瘦、无力、食欲下降，胃肠功能不良；面色青灰，易出汗，皮肤划痕反应阳性，性功能明显低下或消失。常伴有药物中毒性肝炎。神经系统体征：可见舌、手震颤，腱反射亢进，踝阵挛以及锥体束征、掌颏反射及噘嘴反射阳性等。

戒断综合征：一般于停药1~3天后出现，成瘾剂量愈大，药物镇静作用愈强，戒断症状愈重。轻者出现全身难受，不适、心慌、眩晕等类似神经症症状。重者出现全身肌肉抽搐，癫痫大发作或幻觉，类似精神分裂症症状和意识障碍：兴奋、冲动、言语零乱、多疑和幻觉。

3. 抗焦虑药成瘾

最早易成瘾的抗焦虑药物是眠尔通。近20年来，随着苯二氮衍生物在临床上的广泛应用，由于使用不当，剂量过大，持续时间过长等原因，相继出现利眠宁、安定阿普唑仑等成瘾病例，其中以眠尔通的耐药性和成瘾剂量最大，在不少国家已列为禁用的易成瘾药物。作者曾观察2例眠尔通成瘾病人，每日服用20~40片之多。亦有报道一般治疗量即出现成瘾者，可能与病人的素质有关。

临床表现：抗焦虑药长期、大量服用可出现消瘦、无力、面色苍白、皮肤无光泽和性功能低下。一般智能障碍不明显。神经系统症状有：肌张力低下，腱反射低或不能引出，步态不稳。成瘾后均有一定程度人格变化。轻者性情易激惹、意志薄弱。重者说谎，隐瞒病情，不择手段至急诊室骗药偷药。

戒断综合征：成瘾病人往往白天少服一次，即感难受不适。明显的精神症状往往于停药1~3天后出现：一过性幻觉、兴奋、欣快、彻底不眠。临床表现与巴比妥类安眠药戒断症状相似。可见癫痫大发作。

4. 其他易成瘾药物

有苯丙胺、印度大麻和可卡因等。

苯丙胺为中枢神经兴奋剂，可减少嗜睡及疲劳感。小量口服5~10mg，可解除疲劳、提高精神及兴奋性。一般作用时间维持4小时。继之出现疲劳嗜睡。每日小量服用，很快产生耐药性。戒断综合征中以抑郁最常见，症状在停药48~72小时达最高峰，以后逐渐减轻。严重者精神症状持续数周之久。三环类抗抑郁药物治疗有效。

长期、大量服用苯丙胺，可出现苯丙胺性精神病。临床症状与精神分裂症偏执型十分相似：在意识清晰情况下出现被害妄想、援引观念。但持续时间短，停药数天、最多数周即消失。抗精神病药物如酚噻嗪及丁酰苯类治疗有效。

印度大麻是一种仅次于鸦片的古老致瘾剂，在近东及中亚细亚地区较普遍流行，服用方法有口服、吸烟和咀嚼。近十多年来北美大麻（marihuana）在美国和西欧也广为流行。大麻有中等强度的精神依赖，耐药性小。吸入7mg即可引起欣快，14~20mg出现明显精神症状。

吸大麻醉后，自身感到特别愉快，精力充沛，欣喜若狂，充满自信。可出现错觉和感知综合障碍，兴奋和恐惧。继之出现抑郁、不安，共济失调，以睡眠告终。

可卡因是从南美灌木古柯叶中提出的生物碱，有局部麻醉作用，是一种中枢兴奋剂和欣快剂。当地居民嚼含这些树叶以解除疲劳，提高情绪。常用方法有皮下注射及吸入两种。临床表现与苯丙胺十分相似；有强烈的精神依赖。

四、物质依赖的诊断标准

1. 有长期或反复使用精神活性物质的历史。

2. 对精神活性物质有强烈的渴求及耐受性，故至少有下述情况之二：①不能摆脱使用这种物质的欲望；②对觅取这种物质的意志明显增强；③为使用这种物质而经常放弃其他活动或爱好；④明知这种物质有害，但仍继续使用，或为自己诡辩，或想不用或少用，但做不到或反复失败；⑤使用时体验到快感；⑥对这种物质耐受性增大；⑦停用后出现戒断综合征。

五、戒断综合征的诊断标准

1. 有精神活性物质依赖史。
2. 在停用或少用有依赖的精神活性物质后，至少出现下列精神症状之三：①情绪改变，如焦虑、抑郁、烦躁、易激惹等；②意识障碍；③失眠；④疲乏、倦睡；⑤运动性兴奋或抑制；⑥注意力不集中；⑦记忆减退；⑧判断力减退；⑨幻觉或错觉；⑩妄想；⑪人格改变。
3. 伴有以下躯体症状或体征至少两项：①恶心呕吐；②肌肉或身上各处疼痛；③瞳孔改变；④流鼻涕或淌眼泪或打哈欠；⑤腹痛、腹泻；⑥燥热感或体温升高；⑦严重不适；⑧抽搐。
4. 症状的性质与严重程度随精神活性物质的种类与剂量而定，再次足量使用，戒断综合征迅速消失。

六、疾病与自杀关系

物质依赖可出现在各个阶层中。在西方国家，物质依赖问题主要趋向于破裂的家庭或恋爱受挫或失业等人群。而青少年以海洛因成瘾者居多数，男性比女性约多1/4

到1/3,这些人往往以享乐快感和娱乐为目的,此类成瘾者,具有迅速扩散或流行性质。中国自20世纪90年代以来,海洛因成瘾临床多见。海洛因成瘾者,由于毒性大,导致中毒、自杀大量增加,以致这类人群的死亡率很高。英国资料,这类人群的死亡率高出一般人群20倍以上。

部分物质依赖者存在明确的家庭因素,如家庭矛盾、单亲家庭、家庭成员间交流差、家庭成员犯罪吸毒。

物质依赖者往往存在个性问题,如反社会性、情绪控制较差、易冲动、缺乏有效的防御机制、追求即刻满足等,在戒断过程中总是以失败者自居,觉得愧对家人、愧对社会,对自己的前途感到渺茫,对未来的生活失去信心,出现自伤、自杀行为的风险性较正常人明显升高。因此我们应该予以其更多的鼓励、支持,进行自立自强教育和人生观教育,帮助其重新树立信心,让其尽快走出情绪低落期。

七、如何早期识别与防范

1. 早识别

如发现有以下行为,需要警惕有精神活性物质滥用的可能性:(1)精神状态异常,易怒,好发脾气,情绪不稳定;(2)行为异常,鬼鬼祟祟,有时流泪流涕哈欠不断;(3)无其他疾病,食欲不振,面黄肌瘦;(4)亲情淡漠,自私自利,长期独自躲在自己的房间内,不愿与家人交谈;(5)总是向家长要钱,又不能说明去向。

2. 防范

预防物质依赖的发生,需要采取综合性措施,实行多部门(卫生、公安、司法、商业等)的协作,控制易精神活性物质的生产、销售、临床使用。要在医务人员中普及有关知识，提高对安眠药、抗焦虑药、吗啡类成瘾的警惕和早期识别，以减少成瘾的产生。在已形成瘾药流行的地区，则需要在群众中广泛宣传药物成瘾的危害性，以动员社会力量，协助有关部门，实施各项措施。

（1）宣传和普及知识。宣传和普及防治物质依赖知识、积极宣传物质滥用和形成依赖的危害性，加强药物生产和流通渠道的管理。自《中华人民共和国药品管理法》实施以来，药品的产、制、销、用已经有法可依，切实做到违法必究，执法必严。

（2）积极开展调查。积极开展物质依赖的流行学调查，及时准确地掌握情况，为防治工作提供科学依据，将物质依赖的防治列入初级卫生保健工作日程中去，动员基层卫生组织，发现问题就近处理。大力加强社会主义精神文明和物质文明建设，提高全民族的科学文化素质，丰富业余文化精神生活。

（3）戒断物质。这是物质依赖治疗中最根本的环节，采取的具体方法可因人因物而异。对于轻症依赖者或可卡因、印度大麻等无躯体依赖性物质，应立即戒断。对于重症依赖或用量颇大者，或有明显躯体依赖性的物质，应采取逐渐减量直到完全戒断，或用替代疗法过渡到完全戒断。所谓替代疗法，是用一种物质与该物质性能相仿，但无依赖性或依赖性很弱的物质取代已形成依赖的物质，然后逐渐减少剂量，直到替代物质完全停用为止。

（4）戒断症状的处理。根据戒断症状的严重程度，分别予以对症处理。有些物质骤停时可出现危及生命的戒断症状，应采取缓慢减量或必要时给予少量原先依赖的物质，以减轻戒断症状，再用替代疗法治愈。躯体并发症的处理，应根据具体情况给予相应的治疗措施。

八、疾病的管理

物质依赖的危害较大，主要表现为：①使用过量致急性中毒。②物质对胚胎和新生儿的影响。③因物质使用方式不当造成的损害。④长期使用致慢性蓄积性中毒。⑤容易罹患各种躯体并发症。⑥外伤、意外事故与自杀。⑦影响青少年的心身发育。⑧影响成人的工作和家庭生活。

目前，大多数学者认为，心理依赖构成药物或物质滥用和依赖的主要特征。因此，了解并针对不同对象产生物质依赖的心理因素与社会因素，予以恰当的指导与个别处理，并对其作较长时间的随访，经常加以鞭策与鼓励，使之树立恒心与信心非常必要。同时加强心理治疗和行为治疗。依赖者痛下决心，善于说服自己，制订计划。计划要实事求是，切实可行，循序渐进，通过良性反馈不断激励自己。积极参加丰富多彩的文化体育活动，转移对所依赖物质的注意力。群体监督，依赖者应如实与家人或朋友、同事交流情况，取得他们的配合、支持、鼓励和监督。其中，支持性心理治疗十分重要。物质依赖者大多意志薄弱，对治疗缺乏信心，必须经常鼓励和支持病人坚持治疗，鼓励病人参加各项文体活动，转移其对瘾药的注意力。家庭和社会的积极支持，对病人出院后的巩固疗效十分关键。在康复阶段必须取得家庭和工作单位的支持和监督，切断瘾药的来源和与瘾药提供者的联系，否则即使在住院条件下戒瘾成功，出院后疗效不易巩固且有重染旧习的可能。出院后应坚持门诊观察两年，预防复发。

第五章

走出内心的阴霾
——自杀行为的心理干预策略

无论个体出现自杀意念还是采取自杀行为，往往受到生物、心理和社会因素共同作用的影响。在先天遗传因素的影响下，独特的成长经历逐渐塑造了个体适应不良性的人生观，即信念系统；并使其形成特有的功能不良性的思维模式及应对模式，这些构成了个体的易感性基础，导致其面对困境解决问题的能力不足；突发负性生活事件，特别是急性的人际关系问题，往往成为其出现自杀意念或采取自杀行为的扳机因素；个体在此种情形下产生的绝望感、无助感或精神痛苦的程度与其自杀危险密切相关。

虽然我们不清楚有自杀意念的人群中精神障碍的患病率，但我国的研究显示就诊于综合医院的自杀未遂者中约40%在采取自杀行为当时符合精神障碍的诊断标准。其中，主要是抑郁症、焦虑障碍、精神病性障碍、酒精或物质使用障碍以及人格障碍等。个体是否罹患精神障碍，同样受到生物、心理和社会因素共同作用的影响。因此，对于有自杀倾向的个体，一方面需要对其精神障碍开展治疗，这种治疗可以是生物学方面的治疗，比如药物治疗，也可以是心理治疗，还可以是联合治疗，将生物学治疗与心理治疗结合起来。另一方面还需要针对其心理和社会因素开展心理社会干预和心理治疗。因此，对于有自杀倾向的个体，采取适合个体需要的心理社会干预和心理治疗就显得至关重要。

本部分着重于介绍那些有循证依据支持的自杀倾向的心理社会干预措施。需要特别提出的是，在采取任何治疗之前，需要首先对个体进行全面的评估，做出相应的诊断。评估包括个体的一般人口学资料、主诉、现病史、包括自杀未遂既往史在内的既往史、个人史、家族史、个体的优势与不足、精神科检查、量表测查结果以及其他辅助、实验室检查结果等。

第一节 自杀危机干预

一、自杀危险性评估

对于所有前来就诊的心理障碍患者，开展心理干预或治疗之前，需要做全面的评估，其中自杀危险性的评估必不可少。由于在社会上自杀问题依然是一个禁忌、敏感的话题，相当高比例的患者羞于、不愿或不敢主动谈及自己的自杀想法，而将自杀想法作为一个秘密压在心底。如果在临床上不主动评估患者的自杀危险性，可能导致自杀高危的患者未被及时识别和干预，从而贻误抢救生命的宝贵时机。此外，相当高比例的专业人员对于询问患者有关自杀的问题存在误解，认为询问自杀可以暗示或诱导患者自杀，从而不敢或者回避提问自杀相关问题。而现实情况并非如此，一个从来没有考虑过自杀的人不会因为有人询问他有无自杀想法而突然产生自杀的想法；相反，一个正在考虑自杀的人，却可以因为有人询问他有无自杀想法，而有机会把压抑在心底的秘密宣泄出来，从而学会面对困扰找出解决的办法。因此，心理卫生专业人员在面对前来就诊的患者，需要常规评估每个患者的自杀危险性。

评估患者自杀的危险性需要选择恰当的时机，不能一见面就询问此问题，需要从一般性问题切入，比如了解患者前来就诊的主要困扰是什么、困扰持续存在的时间、诱发因素、特征以及给个体功能造成的影响后，再逐步过渡到与自杀倾向有关的关键问题。也就是说，当患者感到被理解，当患者谈其经历的痛苦事件或痛苦感受时，往往是询问患者有无自杀想法的最佳时机。

询问患者有无自杀想法的方式多种多样。比如，直接询问患者有无自杀的想法。（你这么痛苦，是否想过自杀或考虑过自杀？）如果回答为"是"，则进一步提问患者具体是如何考虑的，并了解其自杀想法的发生发展过程。或者渐进式地询问患者的自杀危险。（你在这个过程中有没有觉得活着没意思、想到死或者甚至觉得生不如死？你觉得活着没意思、想到了死或者觉得生不如死，有没有进一步出现自杀的想法？你是怎么考虑的？）还可以先将自杀想法正常化，然后再询问患者有无自杀想法。（有些人在经历这么痛苦的情形时，往往会想到自杀，你有没有想到过自杀？）还可以在访谈过程中直接告知患者接下来要评估其有无自杀的想法，然后提出与自杀意念、自杀计划和自杀行为有关的一系列问题。也可以通过一些自评量表的填写来了解患者的自杀意念、计划和行为。在临床工作中，以上几种询问自杀想法的方法可以灵活使用。

对于有自杀意念的患者，需要评估其即刻自杀的危险性高低。直接询问患者在目前境遇下出现自杀想法时想死的程度和死亡的理由；了解到目前为止有哪些求生的力量让他到现在为止尚未采取自杀行为，即获取其生存的理由，也就是那些阻止患者自杀的因素或人，患者牵挂、放心不下的人、物、事或追求；了解患者自杀计划制订的具体内容和实施情况，计划采用的自杀方式的致死性和方便易得程度、后事的安排情况；了解患者日常的饮食作息规律、酒精或其他成瘾物质的使用情况等等；评估其目前存在的精神症状，了解其既往史和家族史，做出具体的精神障碍诊断。这些评估信息为随后制订具体的干预方案打下了基础。

一旦发现患者有主动自杀意念，绝望、无助、痛苦或想死的程度高，或者患者已做出具体的自杀计划，或者近期采取过自杀行为，缺乏求生的动机，或者表示即刻自杀的危险性高，则需要积极提供自杀危机干预（suicidal crisis intervention），以确保患者的生命安全。如果患者的自杀意念一闪即逝，绝望、无助、痛苦或想死的程度轻，没有明确的自杀计划，没有自杀未遂既往史，有继续生存下去的理由，并明确表示不会采取自杀行为，则按常规心理治疗的流程处理即可。

二、自杀危机干预的具体步骤

（一）保持镇静，倾听、提问和总结患者目前面临的难题

在与轻生患者接触的过程中，始终保持恰当的镇静和关注，给患者足够的时间诉说其痛苦感受、发生的具体事件，了解其目前面临的难题或困境，给其机会宣泄其负性情绪；倾听、认可其痛苦，通过言语和非言语的方式显示出对患者的关心、尊重；在患者诉说过程中及时补充提问以获得更多相关信息；当患者诉说跑离主题时，能够婉转地将患者引导回主题，并恰当总结患者目前面临的主要难题或困境，引导其梳理思绪、关注目前迫切需要解决的关键问题。在此过程中，向患者传递出有能力和其一起努力探索并找出面对目前困境的方法。

（二）将自杀冲动看作当前要付诸努力、时间和坚持才能逐步解决的问题，提升希望

在了解患者目前存在的难题或所处困境后，将其在此种情形下出现的自杀想法或自杀冲动作为一个现实存在的

问题来看待，以开放、不评判、接纳的方式谈论其自杀想法；同时激发放大其生存的理由；引导患者在认识到问题的复杂性和解决的难度、不试图简单处理或寻求迅速解决的同时，引导患者看到目前的困境或自杀危险是需要通过双方付诸努力、时间和坚持来解决的，而且是可以解决的问题，在无望、无助的背景下唤起或者植入希望。

（三）引入患者亲友或其他资源，形成稳固的自杀干预同盟

在征得患者同意或者告知患者的情况下，将患者信任且能够为患者提供帮助的人（家人、亲友、同事、邻居、同学、老师、社区工作人员或所属团体的成员）和临床上其他专业人员（精神科医师、精神科护士和社会工作者）纳入危机干预的团队中，形成自杀干预的联盟。在危机干预的过程中，由治疗师或者患者本人直接和他们取得联系，直接告知他们患者目前的状况，需要请求他们提供帮助的具体内容。由于自杀干预涉及患者的生命安全，需要打破保密原则，并将此情况告知患者，治疗师不能将患者的高自杀危险性纳入保密原则的范畴。精神科医师以外的心理治疗师、心理咨询师等人员在工作中发现患者或来访者出现自杀倾向，应向精神科医师转诊或提出转诊建议；或者请精神科医师会诊，协商制订下一步的治疗方案。

（四）去除患者环境中或身边的危险物品或远离自杀场所

在了解患者自杀计划中准备使用的自杀方式后，询问患者身边或住处是否有相应的自杀工具、居住的环境情况，直接将患者随身携带的危险物品拿走（如刀、药物、酒精、有毒物品等），并与患者信任的家人、亲友或其他重要相关人联系，告知他们将患者家中存在的危险物品移除、锁起来以及处理好高层楼房的窗户，或者安排患者居

住在自杀危险性小的场所。如果患者自杀的危险性高，安排人24小时陪同，或者安排其住院接受治疗。

对于自杀危险性高的重性精神障碍患者，应在《中华人民共和国精神卫生法》的框架内，建议患者、监护人安排患者接受自愿住院治疗，必要时强烈推荐安排非自愿住院治疗，并且要在医疗文书中记载此项告知建议。安排住院治疗通常是确保其生命安全相对有效的方法；对于其他轻生患者，继续采取以下心理危机干预措施。

（五）与患者建立信任联盟，获得患者"不自杀"或"推迟自杀"的承诺

依靠上述措施和患者迅速建立相互信任的危机干预联盟，在干预的过程中通过反复使用"我们一起"来强调这一联盟。轻生者通常将自杀看作是摆脱目前无法忍受的困境、永无止境的痛苦、报复他人、获得关注、一了百了或者解决目前难题的唯一方法。此时首先正常化患者在这种情况下的自杀选择，认可自杀可以是此种情况下的一种选择，向患者传递理解和共情；接着引导患者认识到自杀虽然可以是一种选择，但考虑到这种选择不可逆、无法反悔重来，因此，引导他同意在最终选择自杀之前不妨再给自己一段时间来尝试找出其他的解决办法；在经历过一段时间的努力尝试后，如果依然无法找到其他更好的解决办法，再去自杀不迟；既然已决定自杀，也不在乎推迟一段时间再自杀。采取此种方式的主要目的是为自杀干预争取宝贵的时间，同时也能够让患者感受到心理治疗师对其的理解，这样才能有机会让患者去体会痛苦并非像他认为的那样永无止境或者无法忍受。

在自杀干预的过程中，治疗师直接获得患者承诺在治疗联盟存在期间"不自杀"或"延迟自杀"，以便能够一起

集中精力找出其他的解决方法。在这里特别强调的是，有自杀危险的个体，其自杀意念并非一天24小时持续存在于脑海中，自杀意念往往是在某些诱发事件发生后出现或者在某一特定情形中出现；即使个体在采取自杀行为的当时依然处于求生和求死的矛盾之中，想活和想死的两股力量在其脑海中发生着激烈的冲突；自杀行为往往是受扳机事件影响后的冲动行为，患者当时的思维或认知僵硬固执且负性，往往只看到自杀这一条路而看不到其他的出路。轻生者的上述心理状态正是自杀干预的切入点。

（六）重建希望，制订行动方案，解决现实存在的关键问题

将患者的自杀想法与其现实中需要解决的问题之间建立联系，引导其找出目前存在的需要解决的现实问题，然后学会将注意力集中在其中一个目前存在的、与自杀冲动密切相关且相对容易解决的关键问题上，确定解决这一问题且切合现实状况的近期和远期目标，重建希望。接着运用头脑风暴尽可能多地构想出解决这一问题的可能的方法，在权衡每个方法的利弊后做出决定，引导患者采用对其利多弊少的方法。然后和患者一起制订落实这个或这些方法的可行的具体行动方案。在制订行动方案时，考虑实际行动中可能存在的困难及克服困难的方法，利用身边的资源促使方案得以落实。应尽可能将行动方案的第一步设置在第一次危机干预之后马上开始，或者在危机干预的过程中就开始，即启动行动方案应该在24小时内开始行动。越早开始行动，方案越能够得到落实；越晚行动，比如三天之后开始行动，按方案落实的可能性微乎其微。

在制订目标和行动方案时，需要充分考虑患者的能动性和现状，引导其制订出符合其实际情况且相对容易实现

的目标和行动方案；在构思可能的解决办法时，应充分调动患者的积极性找出三种或者更多种解决方法，而非单纯地由治疗师给出方法。

（七）制作便于携带的自杀危机应对信息卡

在自杀干预过程中，需要对患者随后自杀危机的出现有一定的预测性，并做出相应的应对计划。通过回顾既往经历，找出患者通常在什么情况下容易出现自杀冲动，患者可以做些什么来帮助自己。然后告知患者，即使已经开始接受危机干预，以后依然可能出现自杀危机。一旦出现自杀危机，则可以把它看作一个很好的实践和练习的计划，把握住这个机会，按照上面提及的方法或者以下制订好的方式应对它，以评估这些干预措施的实际效果如何。

自杀危机信息应对卡，就是在患者有自杀冲动时，教会患者在紧急情况下按照卡片上的提示进行自我帮助，削弱自杀冲动，恢复患者的心理平衡。制订自杀危机信息应对卡的具体步骤如下：首先引导患者回顾其既往体验过的自杀冲动，将容易引发患者出现自杀冲动的情形找出来，并回顾当时患者曾经一步一步做些什么可以成功使自杀冲动消退或减弱，然后将这些情形和患者可以做的具体事情写在自杀危机信息应对卡上；鼓励患者以后有自杀冲动时先尝试这么做。

应对卡上写有如下信息：如果上述方法有效，则可以在自杀冲动消退后，继续从事其他该做的事情；如果这些方法无效，应对卡上还写有紧急情况下可以联系的亲友的姓名和联系电话，在前面方法无效的情况下和亲友联系，帮助自己走出自杀的冲动。如果和亲友联系也帮助不到患者，或者患者没有亲友可以联系，则将患者进一步可以联系的专业自杀干预机构及联系方式写下来，包括24小时心理危机干预电话号码、危机干预网站的网址、门急诊服务机构等。

将这些信息清晰地写在便于携带的卡片上,请患者随身携带,在其有自杀冲动时拿出来按照卡片上的内容逐一去做,以帮助自己走出自杀的泥潭。

(八)落实行动计划并评估效果,继续危机干预

患者在一次危机干预结束后按照已制订好的行动方案去一步一步落实;在遇到紧急的自杀冲动时,按照自杀危机信息应对卡上的指导帮助自己。在患者下次就诊时,治疗师需要了解这段日子患者的总体情况,回顾上次危机干预的主要内容,评估患者行动计划落实的情况和效果。对于从上次危机干预到本次危机干预之间再次经历自杀危机的患者,评估自杀危机应对信息卡的实际应用效果,修改完善此应对信息卡。

如果患者按计划行动且取得一定的效果,则引导患者继续沿着既定的危机干预方向前进,选择一个新的且比较关键的问题继续进行问题解决,这样按部就班直至把患者目前存在的主要问题一一解决,帮助患者成功渡过危机状态。在这个过程中,一次干预解决一个关键问题比较可行。

如果患者按计划行动但效果不理想,不匆忙断定就是原来制订的方案无效或失败;而是引导患者分析导致这种效果不理想可能的因素。比如,患者根本没有采取行动,出现了新的困难或问题,当时针对的问题太大、不够具体,目标设定得太大、太不切实际,行动方案不够清晰可行,等等。如果在进行上述分析后发现确实是所采用的方法不适合解决此问题,引导患者认识到这也是一种收获,可以让其避免未来继续选用此方法。然后针对这个问题再次按照上面第7条所述方法去解决问题。如果患者没有按

计划行动且选定的问题依然存在，分析落实行动计划中可能存在的障碍，制订出克服障碍的具体方法和步骤，以确保患者在本次干预后能够付诸行动；如果患者没有按计划行动是源于选定的问题已经不再存在，则引导患者关注于目前存在的其他问题，聚焦在下一个关键问题运用第7条所述方法去解决问题；如果是源于出现了新的困难或新的问题，导致患者无法按照既定方案行动，则需要首先着手解决新出现的困惑问题。如果上次干预针对的问题太大、不够具体，或者目标设定得太大、太不切实际，或者行动方案不够清晰可行，则需要对患者存在的具体情况进行相应修正，然后继续进行接下来的问题解决。

（九）其他措施

在自杀危机干预的过程中，始终对患者的绝望、无助感、痛苦程度和自杀想死的程度保持高度警觉，并教会患者使用量表或简单的数字动态监测评估这些指标的变化情况，一旦发现情况变糟，则及时针对引发自杀危险的具体事件或情形进行危机干预。

对于即刻自杀危险性高的患者，安排专人轮流24小时陪伴患者；必要时安排精神科住院治疗。根据我国精神卫生法第30条，应该根据患者的具体情况提出自愿住院甚至非自愿住院的建议，由患者和其监护人最终做出决定。但安排住院治疗与否需要有一定的灵活度，因为过早建议住院治疗会干扰患者对治疗师的信任关系，丧失为患者提供院外综合自杀干预的时机。

在自杀危机干预的过程中，注意患者的药物治疗情况和成瘾物质的使用情况，尽可能发挥自杀干预团队的力量，与其亲友、精神科医师、护士和社会工作者一起为患者服务，处理其药物治疗和成瘾物质使用问题。

高危患者的自杀干预的频率、时间可以根据具体情况相应增加；在自杀危机期间，需要与患者保持定期联系，以确保患者的生命安全。同时严格依据《中华人民共和国精神卫生法》履行助人的职责，并按要求规范地做好个案心理干预记录。

在自杀危机干预的过程中，如果患者的能动性差、情绪的混乱状态比较严重，难以建立合作性的危机干预联盟，则以指导性的危机干预为主。危机干预时给予患者简单清晰明了的具体指导，引导其一步一步走出混乱状态，逐步恢复其主观能动性；再逐步将危机干预的方式由指导性转变为合作性的危机干预联盟。

如果患者的高自杀危险性与其明显的幻觉妄想有关，则和精神科医生、患者的亲友一起采用必要的强制治疗措施，以确保患者的安全。自杀危机干预的次数和持续时间因人而异，不能一概而论；在患者成功渡过自杀危机之后，则转入患者自杀倾向的治疗。

第二节 明确主要问题、治疗目标与治疗方案

如果患者目前不存在影响其合作性的重性精神病性障碍，则可以结合上面提到的那些评估结果和患者一起找出其目前存在的主要问题，并分别按问题的紧迫程度、影响大小和解决的难易程度将找出的问题排序，以确定目前需要解决的问题的优先顺序。

根据确定好优先顺序的问题列表，和患者一起确定解决这些问题后可以实现的治疗目标，包括近期和远期目标。制订的目标应该客观、具体、可以衡量，而且是可以

实现的。近期目标着重于最近几天乃至最近一周可以达到什么目标，如此后延直至实现远期目标。

在确定治疗目标后，和患者一起制订出初步的心理治疗、药物治疗或者联合心理与药物治疗的方案。在制订治疗方案时，如果必要的话，需要患者亲友、精神科医师、心理治疗师、护士乃至社会工作者的共同参与，特别是对于那些患有精神分裂症、其他精神病性障碍、双相障碍、物质滥用或依赖的患者。随着心理社会干预、心理治疗和其他治疗的推进，不断收集患者新的信息，动态更新调整问题列表、治疗目标和治疗方案。

第三节 心理健康教育

心理健康教育（psychoeducation），即根据评估获得的患者的具体表现、诊断及其自杀危险性，用患者可以理解的语言结合患者的具体实例向患者介绍如下内容：与其自杀倾向有关的自杀学领域的基本知识，其躯体疾病和精神障碍的诊断、症状和体征，目前存在的主要现实问题，这些与其自杀危险性之间的关系，准备开展的治疗方案的原理等。心理健康教育是面向患者开展任何治疗的基础，其目的是提高患者对接下来的治疗方案的理解和认识，提高其对治疗的依从性；有研究表明，患者越理解所采用的治疗方案的原理，就越能够积极配合并投入治疗之中。

在临床上需要考虑患者的诊断、疾病的严重程度、既往治疗情况、理解能力、患者对治疗方法的选择偏好、时间、精力、金钱的投入、可用的资源等因素，选择特定的合适的治疗方法。然后根据所采取的具体治疗方法，面向患者开展相应的心理健康教育。如果采取药物治疗，则需要介绍患者的诊断、相应的表现以及适合采用的药物类别、相应的药物选择，在征询患者同意后，介绍具体的药物名称、服用药物的具体方法、药物的起效时间、可能的副作用、治疗可能需要的时间等等相关事项，以取得患者对药物治疗的理解和配合。如果采用的是某种心理治疗，除了需要介绍患者的诊断和具体表现外，还需要结合患者的具体情况介绍所选用的心理治疗的工作原理。

第四节 问题解决治疗

问题解决治疗（problem-solving therapy，PST）是一种相对容易掌握、短程、结构化和有时间限制的心理治疗方法；其建立的治疗关系是合作性的治疗联盟。研究发现PST对于抑郁、自杀未遂患者的疗效明确。抑郁和自杀倾向患者往往缺乏解决问题的技能，同时更倾向于以负性问题为取向，即将问题的出现看作威胁，并因遇到问题而责备自己，对自己解决问题的能力表示怀疑，缺乏自信，将问题看作无法解决，从而躲避问题，并因此陷入深深的苦恼之中。PST的目标就是培训提高个体的问题解决技能，通过一步一步付诸努力去解决个体生活中现实存在的问题，将其由负性问题取向逐步转变为正性问题取向，即把问题的出现看作一个锻炼成长和练习收获的机会，逐步相信问题是可以解决的或者是可以承受的，相信自己有能力去面对或解决问题，同时认为问题的解决或者承受此问题所带来的压力需要付诸努力、投入时间和持之以恒，从而学会面对问题，投入到解决问题的行动中。

PST治疗一般需要12到20次治疗左右，每周一次、每次治疗的时间在30~50分钟左右，首次治疗的时间在一个小时左右。两次治疗间隔的时间在中后期逐步延长，后期以预防复发、巩固疗效为主。

PST治疗初期特别强调开展有关疾病和自杀倾向、PST治疗原理的心理健康教育，以提高个体对治疗的依从性。处于抑郁当中或者有自杀倾向的个体，往往缺乏解决问题的动力，让问题堆积，从而感觉更糟；感觉更糟之后，个体更加缺乏解决问题的动力，解决问题的能力进一步变差，这样就形成了恶性循环。PST就是引导个体将解决一个现实存在的问题作为切入点，打破这种恶性循环，通过一个问题的有效解决，让个体感觉好些；个体感觉好些之后更愿意着手去解决下一个问题，从而形成良性循环，逐步走出轻生的陷阱。

PST一般分为7个步骤：①识别和界定问题。将个体目前存在的各种现实问题罗列出来，并将问题按紧迫程度、解决的难易程度进行排序。②从中挑选一个紧迫、新近发生、关键且相对容易解决的问题作为一次治疗的主题，并将问题具体化。③确定解决问题的近期和远期目标。根据选定的具体问题，确定解决此问题可以实现的具体目标，即确立治疗努力的方向。④运用头脑风暴找出可能的解决此问题、朝向目标的方法。引导个体尽可能多地构想出解决这一问题各种可能的方法，在这个过程中不考虑任何一个方法是否可行或有用，关键在于找出足够多的方法。⑤权衡每个方法的利弊并做出决定。引导个体逐一评估每个方法的利弊和可行性，在权衡后做出决定，选择对个体来说利大弊少的方法。⑥制订行动方案。将选定的方法分解成容易落实的具体步骤，在行动方案中尽可能利用个体所拥有的资源或优势,考虑可能存在的障碍并制订出克服的具体措施,限定行动计划落实的时间表,以确保个体在这次治疗结束后能够尽快按计划付诸行动。⑦下次治疗时评估上次行动计划落实的情况和实际效果。如果有效,继续按上述步骤解决下一个问题;如果无效,不把初步尝试看作失败,而是看作很好的经验积累,并着手考虑可能的影响因素,继续使用问题解决治疗问题。

两次治疗之间鼓励患者反复应用问题解决治疗去解决生活当中的问题,是取得疗效的关键所在。PST治疗和本章前面所谈自杀危机干预中第六条所述内容一致。

第五节 认知行为治疗

认知治疗的创立者精神科医生 Aaron T, Beck 的认知三角理论(theory of cognitive triad)认为,个体对自己、对自己所经历的事情(即外界世界)以及对未来的负性看法导致其出现精神症状(情绪、行为反应)和生理症状(生理反应)。有自杀倾向的患者通常认为自己不好、没有价值、没用或者有缺陷;将这个世界看作是危险的,将他人看成是可能伤害自己的对象,或者认为自己根本无法逾越这个世界给自己设置的障碍去实现自己的目标;将未来看成和现在一样痛苦,未来也不会有所好转,或者认为痛苦将会永远持续下去。有自杀倾向的患者的认知三角具体见图5-1。

```
             ┌─────────────┐
             │ 对自我的消极看法 │
             │   -无价值    │
             │   "我不好"   │
             └─────────────┘
                   ▲
                  ▲ ▲
                 ▲   ▲
┌─────────────┐         ┌─────────────┐
│对世界的消极看法│         │对未来的消极看法│
│    -无助    │         │    -无望    │
│ "我不能做到" │         │"永远也不会好"│
└─────────────┘         └─────────────┘
```

图 5-1　有自杀倾向者的认知三角图示

（摘自 Beck AT 等著的 *Cognitive Therapy of Depression* 一书第 11 页的内容）

个体负性地看待自己、世界和未来，导致其在一些特定的场合或情形下出现抑郁情绪、缺乏动力、意志减退、回避行为，乃至出现自杀想法或行为。与自杀倾向密切相关的核心信念（见图 5-1）是绝望感和无助感。绝望感或者无望感，是患者对未来的消极看法，患者认为自己目前的痛苦处境永远也不会改善或者认为会永远持续下去；无助感是患者对世界的消极看法，认为没有人可以帮到自己，自己或其他人无论做什么也不会让自己的糟糕处境得到改善，做什么也没有用或没有意义。

轻生患者常见的认知歪曲如下：绝对化思维（黑白思维、两极化思维或两分法思维），过分概括，负性过滤，妄下断论，夸大或缩小，个人化（自我牵连、揽责上身或负性归因于自己），预测未来（灾难化思维）以及贴标签。

自杀倾向患者的认知行为理论模型（cognitive-behavioral model of suicidality）见图 5-2。在素质因素的基础上，个体遭遇到应激因素，导致其源于既往经历形成的图式

（核心信念、条件假设），应对策略被激活，导致个体出现与此情境相应的自动化思维或自动化图像，从而出现与自杀倾向有关的情绪、行为和生理反应，其自伤自杀行为是患者一系列行为表现中的一种；并且个体的自动化思维、情绪、行为和生理反应之间是相互影响的，任何一方发生改变可以导致另外三方的相应改变。这也就是说，轻生患者的治疗既可以从认知层面、行为层面和情绪管理层面进行心理干预，也可以从生理反应层面分别进行药物或生物学干预，还可以从应激源或压力层面进行环境干预，以达到既定的治疗目标。

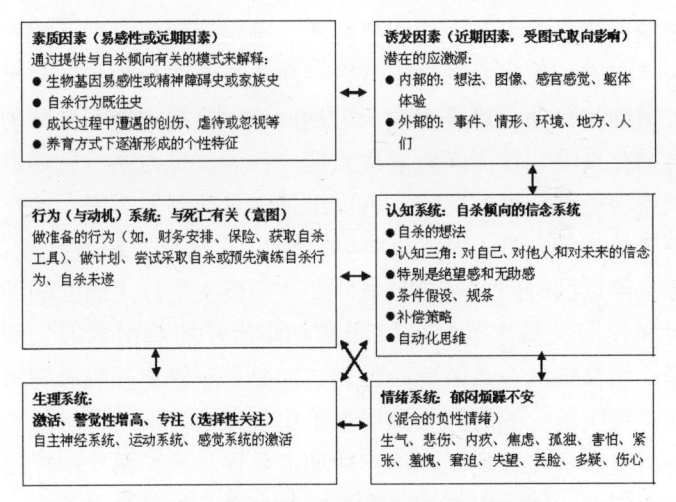

素质因素（易感性或远期因素） 通过提供与自杀倾向有关的模式来解释： ● 生物基因易感性或精神障碍史或家族史 ● 自杀行为及既往史 ● 成长过程中遭遇的创伤、虐待或忽视等 ● 养育方式下逐渐形成的个性特征	诱发因素（近期因素，受图式定向影响） 潜在的应激源： ● 内部的：想法、图像、感官感觉、躯体体验 ● 外部的：事件、情形、环境、地方、人们
行为（与动机）系统：与死亡有关（意图） 做准备的行为（如，财务安排、保险、获取自杀工具）、做计划、尝试采取自杀或预先演练自杀行为、自杀未遂	认知系统：自杀倾向的信念系统 ● 自杀的想法 ● 认知三角：对自己、对他人和对未来的信念 ● 特别是绝望感和无助感 ● 条件假设、规条 ● 补偿策略 ● 自动化思维
生理系统： 激活、警觉性增高、专注（选择性关注） 自主神经系统、运动系统、感觉系统的激活	情绪系统：郁闷烦躁不安 （混合的负性情绪） 生气、悲伤、内疚、焦虑、孤独、害怕、紧张、羞愧、窘迫、失望、丢脸、多疑、伤心

图5-2 自杀倾向患者的认知行为理论模型

（摘自 Rudd MD 等著的 *Treating Suicidal Behavior: An Effective, Time-Limited Approach* 一书第31页，稍作修改）

在认知治疗的基础上，将行为治疗和其他治疗方法结合进行，但依然以认知和行为治疗为核心的治疗方法，形成了认知行为治疗（cognitive behavioral therapy, CBT）。CBT是立足于合作性治疗联盟的结构化的、有时间限制且以目前问题为取向的心理治疗方法，适合抑郁、焦虑、物质使用障碍、边缘性人格障碍、创伤后应激障碍、强迫障碍、进食障碍、睡眠障碍以及有自杀倾向的患者的治疗，无论有自杀倾向的个体是否符合精神障碍的诊断标准。

Beck认为个体的情绪困扰或痛苦与其功能不良性的认知有关，改变个体功能不良性的认知，就可以改善其症状或体征（情绪、行为和生理反应）；而认知、情绪、行为和生理反应之间可以相互影响。

在对患者完成全面评估后开展CBT治疗。CBT治疗的初期以找出患者存在的主要问题、确定治疗的目标、建立治疗联盟、提供心理健康教育、激活患者的行为和教授患者识别其自动化思维为主，中期以识别挑战功能不良性的自动化思维、提高问题解决技能、行为试验为主，后期以调整功能不良性的图式、巩固维持和预防复发为主。治疗设置一般为一周1次、每次45分钟、连续16~20次治疗；首次治疗的时间可能会稍长一些。但两次治疗之间间隔的时间长短、每次治疗的时间和CBT治疗的总次数因人而异，如果患者自杀的危险性高，需要更频繁地开展心理治疗；每次治疗的时间长短取决于患者即刻自杀的危险是否得以有效解除或削弱；治疗后期需要逐步延长两次治疗之间间隔的时间，以便为中断治疗做准备。如果患者共病人格障碍和其他精神障碍，治疗的时间会更长。

针对患者的绝望感和自杀冲动，可以在诊室和患者一起制订出相应的行为应对卡和认知应对卡，鼓励患者在感到绝望或有自杀冲动的时候按照应对卡上提示的内容去做。行为应对卡见自杀危机干预部分的相应内容；认知应对卡就是针对患者存在的与绝望感或自杀冲动有关的负性认知，找出相应的、有功能的替代思维，并把它们写在卡片上，引导患者在绝望或有自杀冲动时去读认知应对卡上的内容，比如"我现在感到了绝望，感到痛苦无边无际，但这不等于一直会这样，它是暂时的，我以前的经历证明这种不好的情绪是会过去的"，以帮助患者走出绝望的深渊。

在心理治疗中引导患者将其生存的理由写下来，在危机状态下大声朗读这些生存的理由；同时将其死亡的理由进行改写，即发现那些死亡的理由当中不合理之处，将其改写为更合理、更有功能的想法，遇到危机状态时试着用新的有功能的想法去重新看待自己所经历的事情，一步一步引导自己走出自杀困境。

认知行为治疗的关键是教会患者自我帮助的技巧，而布置家庭作业就是让患者将治疗中所学技能用于生活中。患者越多地练习这些技能，即努力去完成家庭作业，收获则越大。因此，在治疗中需要布置适合患者情况的家庭作业，需要鼓励患者尽可能多地练习所学自我帮助技能，以确保治疗取得成效。

第六节　人际关系治疗

抑郁和自杀倾向的出现往往与个体的丧失、人际关系问题、缺乏社会支持有关。研究发现提高个体的人际交往技能、增强个体的社会支持系统对于改善抑郁情绪、预防干预自杀有效，从而形成了人际关系治疗（interpersonal psychotherapy，IPT）。IPT是一个短程、有时间限制、有手册指导的心理治疗方法。它的理论模型就是抑郁、自杀倾向与个体的人际关系问题有关，人际关系问题能够导致抑郁或自杀倾向的出现、维持或加重，抑郁或自杀倾向反过来又可以损害一个人应对和解决人际关系问题的能力。通过关注患者目前存在的人际关系问题，改善患者在重要的人际关系中的沟通技巧，就可以提高其人际交往能力，以达到治疗抑郁和自杀倾向的目的。因此，IPT治疗有两个重点：一是改善沟通方式；二是通过解决人际冲突，以提高患者从人际交往中获得的满足感，从而提高其心理健康水平。

  IPT治疗通常为每周1次、每次1小时、连续12~16次。治疗的初期以收集患者抑郁、自杀倾向、人际交往经历方面的相关信息为主；同时面向患者开展心理健康教育，引导其认识到无论抑郁也好，自杀倾向也好，都是可以治疗的，并在其抑郁、自杀倾向和人际关系问题之间建立联系，使其更好地理解IPT的工作原理。治疗的中期关注患者目前存在的人际关系问题，将其人际关系问题分为居丧、人际矛盾、角色转换问题和社交缺乏四类，然后确定其中哪类人际关系问题与患者的抑郁、自杀倾向有关，从而将此类问题作为IPT要着重解决的核心问题，在解决核心问题之后再行处理其他问题。四类问题处理的策略有所不同，如居丧，侧重于帮助患者哀悼死者，逐渐开始新的活动和建立新的人际关系，以逐步替代所失去的人际关系；人际矛盾，主要是帮助患者了解矛盾的症结所在，尝试找出解决办法；角色转换问题，重点是帮助患者尽可能顺利地适应这种转变、适应新的角色；而社交缺乏，则是让患者了解其抑郁、自杀倾向与其社交缺乏之间的关系，帮助其学会逐步提高社交技能、扩展社交范围。像其他任何心理治疗一样，IPT治疗的后期也需要为中断治疗做准备。

第七节 辩证行为治疗

国外的研究显示75%的边缘性人格障碍患者有自杀未遂既往史，而且反复出现自杀自伤行为；边缘性人格障碍患者自杀死亡率在7%~8%，估计此类患者最终自杀死亡的概率在10%左右；边缘性人格障碍患者常常与其他精神障碍共病，如心境障碍、焦虑障碍、精神分裂症、酒精或物质使用障碍等。因此，边缘性人格障碍患者的治疗就成为了临床治疗的难点。中国有句俗话说"江山易改，禀性难移"，还说"从小看大，三岁至老"；精神科领域的老前辈经常对我们说的是我们可以治疗疾病，但不可以治疗人格障碍。因此，人格障碍曾经一度被认为是不可治疗的。但在20世纪80年代在CBT基础上诞生的辩证行为治疗（dialectical behavior therapy，DBT）却改写了这一历史。DBT是Marsha M, Linehan在她个人从小就诊接受治疗经历的基础上，将CBT与东方的哲学、佛教理念结合起来，起初专门用于治疗边缘性人格障碍患者的一种心理治疗方法。DBT依然属于CBT治疗的范畴，但它的应用范围已不再局限于边缘性人格障碍患者，已拓展到多种精神障碍的治疗。DBT治疗的目标是帮助患者恢复构建自己生活的能力和动机，过平常的生活，而不是一直依靠以治标为主的医疗服务。

由于DBT治疗源于CBT，因此DBT也是一种结构化的、以问题解决为取向的心理治疗方法。DBT治疗中除了包含CBT治疗的技术外，尚包括冥想训练（内观训练）、情绪调节、冲动控制、愤怒管理、人际交往技巧训练等。研究发现DBT对于自杀患者、有蓄意自伤行为的边缘性人格障碍患者有很好的疗效。DBT将个体的自杀行为看作一种适应不良性的问题解决方法，DBT治疗的目的就是教会有自杀倾向的个体学会用认知行为治疗的方式去看待和解决问题。有自杀倾向的患者缺乏情绪调节、冲动控制、愤怒管理及在人际交往中的决断能力与其自杀自伤行为有关，DBT治疗就是教会患者这些自我帮助技能，从而减少患者重复自杀行为的发生率。

由于面对的是人格障碍患者，治疗的难度会比较大；DBT治疗的时间也较长，往往需要一年或更长时间，具体疗程长短取决于治疗目标和患者投入治疗的程度。已有研究显示DBT治疗12周或者半年已有明显的疗效。两次DBT治疗间隔的时间较短，有时一周需要数次DBT治疗。

第八节　其他治疗

研究发现精神动力学治疗、一般支持性心理治疗、增强社会支持系统、一般的随访外展服务等在自杀干预中有一定的效果。

可以根据患者的诊断、病情的严重程度及其他具体情况，采取综合措施。比如联合使用心理治疗和生物学治疗，如药物治疗、无抽搐电休克治疗（MECT）等，以期快速帮助患者走出自杀陷阱、改善症状、缓解痛苦并提高其生活质量。但采用MECT治疗需要严格掌握其适应证。

第九节 巩固与维持治疗

由于有自杀未遂既往史是个体再次发生自杀行为最重要的危险因素,且精神障碍容易反复发作,为了巩固治疗效果和预防自杀行为的再次出现,就需要巩固和维持治疗。任何心理治疗在其治疗的后期均需要安排一定次数的巩固治疗,如每隔四周或者更长时间一次治疗,以强化所学内容;并通过和患者一起回顾其既往患病的历史了解与其疾病复发或加重可能有关的诱发因素,疾病复发或加重的早期征兆,引导患者养成使用量表或者采用其他方式定期自我监测心理状况的习惯,养成定期或者在有需要时(有诱发因素出现或者有疾病复发或加重的早期征兆)自我提供心理治疗的习惯(安排固定的时间为自己提供治疗,就像在诊室一样,只是一个人而已),和定期寻求专业维持治疗的习惯(每隔半年或者更长时间寻求一次或者几次治疗),以及了解在什么情况下(自我监测发现心理问题加重且自我治疗无效时)需要寻求专业治疗并主动就诊,以持续提高患者的生活质量。